アマンリゾーツとバンヤンツリーのホスピタリティ・イノベーション

徳江順一郎［著］

創成社

写真１　アマンプリ：メイン・プール

写真２　バンヤンツリー・ランコーのダイニング

写真３　カッシーア・プーケット：ロビー

写真４
カッシーア・プーケット：プール

写真５　バンヤンツリー・プーケット：ラグーン上のステージ

写真６　アマンキラ：ヴィラへの通路

写真７　アマンガラ：エントランス

写真８　アマネム

写真９　アマンウェラ：エントランス

写真10　バンヤンツリー麗江：ヴィラ

写真11　バンヤンツリー・マカオ：シグナチャー・プール・スイート

写真12　バンヤンツリー・クアラルンプール：Sanctuary Suiteのベッドルームとプール

写真13
バンヤンツリー・ランコーからみたアンサナ

写真14　アンサナ・ランコーから眺めたバンヤンツリー

写真15　アマネム：サーマル・
スプリング

写真16
バンヤンツリー・ウンガサンでの
イン・ヴィラ・ダイニング

写真17　アマンダリのプライベー
トディナー

写真18
ダブルプール・ヴィラ

写真19　バンヤンツリー・クアラルンプールのシャワー

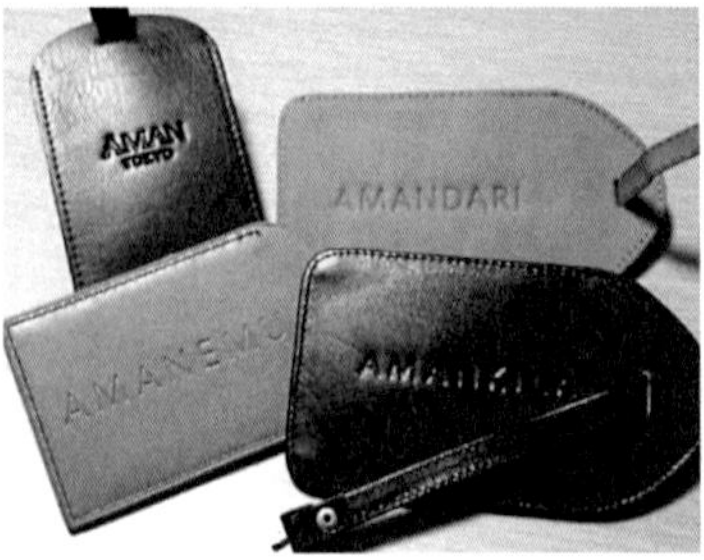

写真20
アマン東京，アマンダリ，アマンキラ，
アマネムのタグ

目次

図表1－1　プーケット島全体図

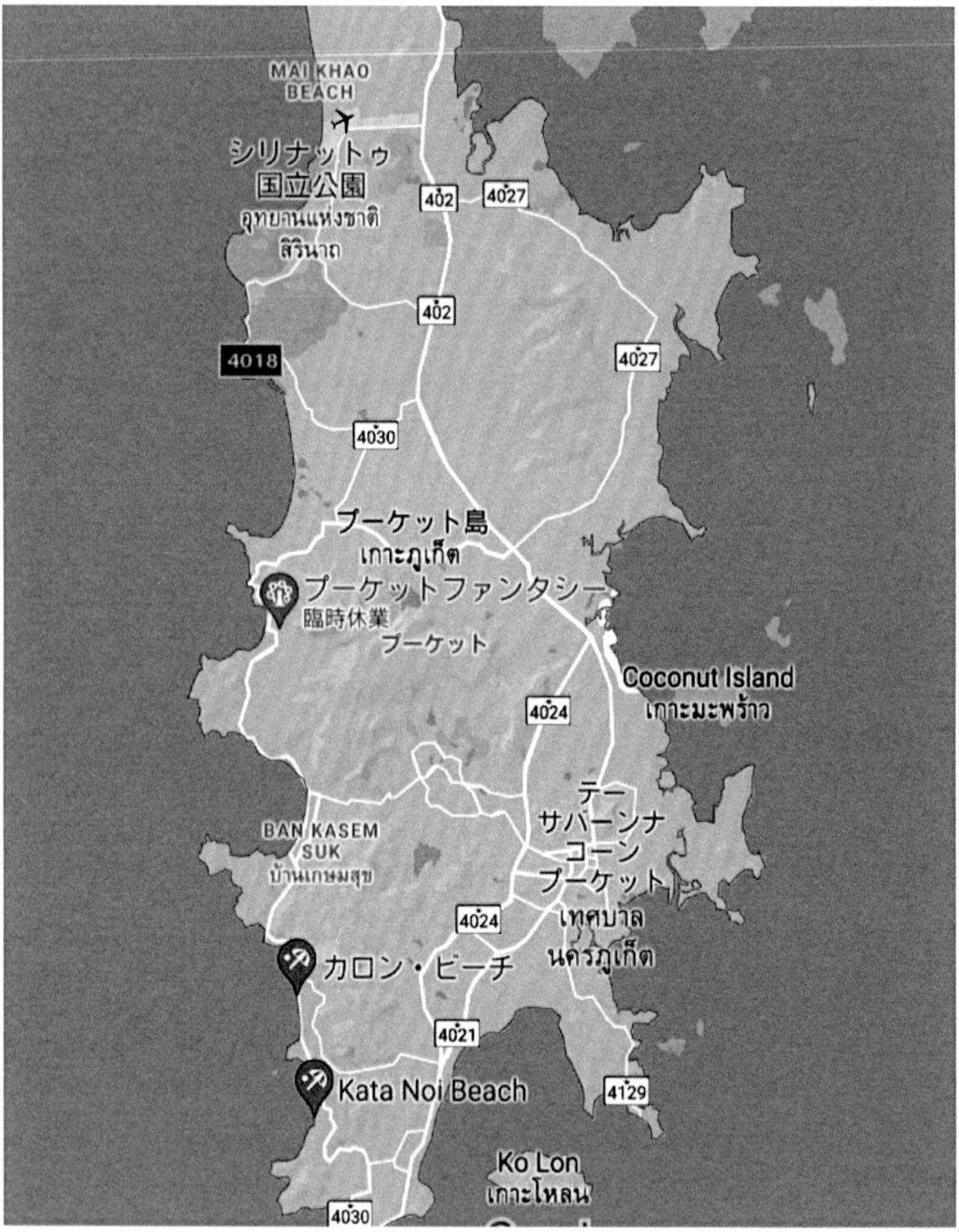

（注）空港は上方の飛行機マーク。
出所：Google Earth。

第1章 「バンヤンツリー・プーケット」と「アマンプリ」

1 プーケット国際空港からバンヤンツリーへ

タイの首都・バンコクのスワンナプーム国際空港から国内線の飛行機で1時間少々、マレー半島がもっとも細くなるクラ地峡を越えてさらに南、半島が少しだけ膨らむ辺りにプーケット島は位置する。玄関口となるプーケット国際空港は、滑走路は1本だけながら3,000mあり、2020年の「コロナ・ショック」以前には、バンコクからの国内線のみならず、香港、シンガポール、クアラルンプールといった近隣からの国際線、北京、成都、上海などの中国路線、他にも中東やヨーロッパ、オセアニアからの直行便も就航していた。タイを代表する一大リゾート拠点である。

ここは、同国最大の面積を誇る島であり、この島を中心としたプーケット県を構成している。エメラルドグリーンの海と白い砂浜の美しさもあり、「アンダマン海の真珠」とも呼ばれていることから海のリゾートのイメージが強いが、島内は意外と起伏に富んでいて、豊かな緑に囲まれている。

海上交易における地理的重要性から、過去にはさまざまな勢力の争いに巻き込まれてきた。16世紀頃からはスズが産出されるようになったが、1985年のロンドン金属取引所（LME）におけるスズ取引停止、いわゆる「スズ危機」以降、採掘ビジネスは衰退してしまった。ただ、その前の1976年にプーケット国際空港が開港しており、1980年代後半以降はタイを代表するリゾートの1つに数えられるようになった。2004年にはスマトラ島沖地震による大津波に襲われるが、その後の復興は順調に進み、再び活況を呈するようになる。

他のリゾート地と同様、プーケット国際空港のターミナルを出ると、島内に数多く存在するホテルから迎えが来ている。事前に予約をしておけば、空港に着いてすぐにそのままリゾートに直行できるので、きわめて利便性が高い。

島内は、国道402号が南北に貫いている。空港は島の北方に位置しているが、そのさらにやや北にあたる島の最北端から、島の南東部にあるプーケット島の中心地といえるプーケット・タウンまでをこの道は結んでいる。また、そのちょうど中央辺りで分岐する国道4030号は、バンタオ・ビーチ、スリン・ビーチ、パトン・ビーチ、カロン・ビーチといった島の西部に位置する著名ビーチをめぐっている。多くのリゾート・ホテルはこの国道4030号沿いか少し入ったところにあり、アンダマン海の絶景をほしいままにしている。

2019年11月、私はプーケット国際空港に降り立った。ここに来たのは2度目である。初めてプーケットを訪れたのは2014年3月だったが、このときは学生の研修先を視察することが主目的であり、プーケット・タウンとその周辺のホテルをめぐる程度しかできなか

図表1－2　プーケット島の中心部拡大図

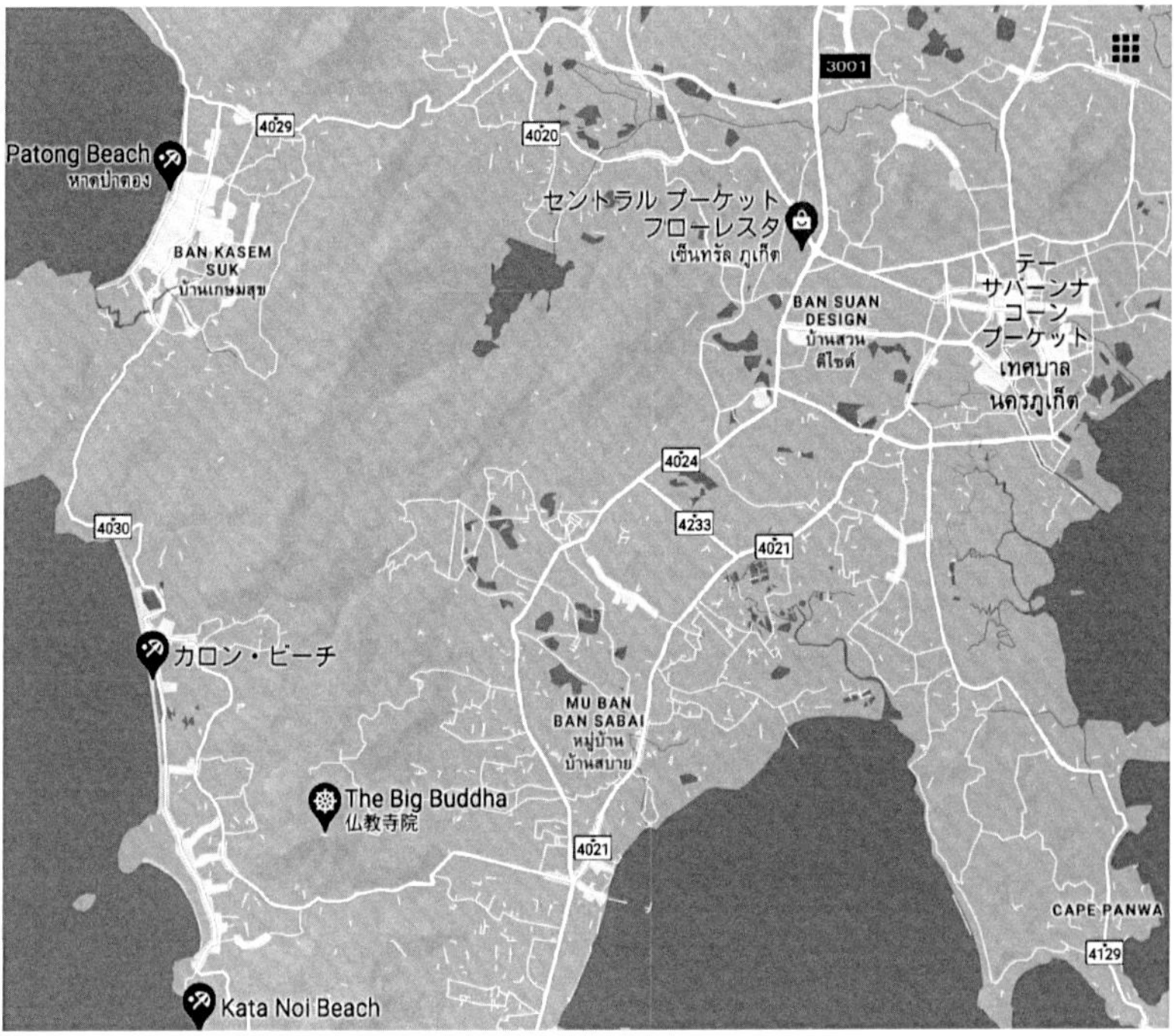

出所：Google Earth。

った。今回の訪問は、本書の主題である「アマン・リゾーツ（Aman Resorts）」と「バンヤンツリー（Banyan Tree Hotels & Resorts）」の最初の施設が、奇しくもともにこの地であったことから、改めてそれぞれをこの目で確かめたいと考えたからだった。前回は、時間の関係でどちらも訪問できなかったのである。

プーケット国際空港から送迎車に乗り、国道402号、そして国道4030号を行くこと約30分、「ラグーナ・プーケット（Laguna Phuket）」と名づけられた広大なリゾート・エリアの入り口に到着する。実はこの場所こそが、バンヤンツリーの創業の地でもある。文字通り左右にラグーンが点在する敷地内をさらに行くと、バンヤンツリーの系列である「ダーワ（Dhawa）」、「カッシーア（Cassia）」、「アンサナ（Angsana）」のエントランスも見え隠れする。そして最後に、フラッグシップとなるバンヤンツリーのエントランスに到着となる。

なお、海沿いの国道4018号を通ると、距離的には少しだけショートカットとなるようだ。ただし、クネクネとした山道をたどることになり、結果的に時間はほぼ変わらない。

広大な「ラグーナ・プーケット」には、他にも「モーベンピック（Mövenpick）」、「アウトリガー（Outrigger）」、「デュシ・タニ（Dusit Thani）」といった著名リゾートが点在しているが、そもそもこのエリア全体を開発したのはバンヤンツリーであった。もともとはスズの採掘が行われていた場所であったが、前述したスズ危機以降うち捨てられていた。同社が入手したのはよかったが、土壌が汚染されていたために、大変な苦労をしてリゾート地に作り上げた。この辺りの詳細は、第3章を参照されたい。

2　ラグーナ・プーケットの施設

バンヤンツリー各施設の詳細についても、基本的には第3章で述べる。ただし、ラグーナ・プーケットにはバンヤンツリーが展開するブランドが揃っているので、それぞれの施設についても言及しておこう。なお、本項の内容は２０１９年11月時点のものである。

写真１－１　エントランスの植栽文字

（注）以下，本書内，特記以外の写真は著者撮影。

空港から自動車で国道４０２号、４０３０号を経由して来訪した場合には、まず、図表１－３左下のメイン・エントランス（Laguna Main Entrance）に到着する。

メイン・エントランスの周辺では、至るところで〝Laguna〟の文字が出迎えてくれる。植栽文字で象られているところもあり、リゾート気分を盛り上げてくれる。

最初に目に入るのは、ダーワである。〝Be Here. Be You.〟というコンセプトを掲げており、カジ

図表１－３　ラグーナ・プーケット全体図

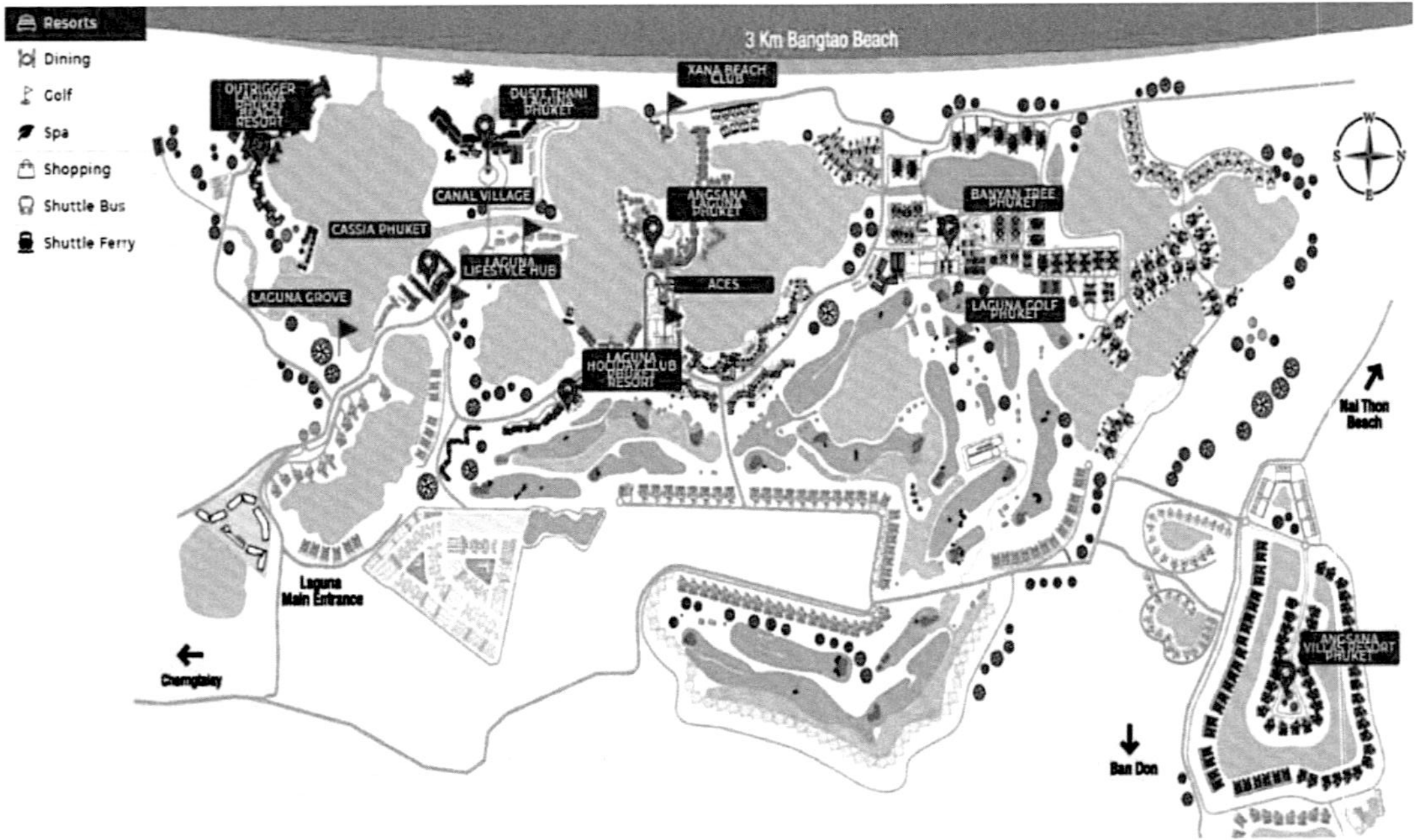

出所：同社提供／Courtesy of Banyan Tree Hotels & Resorts Pte. Ltd.

ュアルさをともないつつ機能的、現代的なフルサービスのホテルという位置づけである。デザインにもこだわりつつ、快適性を高めるための多様な先進技術を貪欲に導入している。また、一人ひとりに合わせたサービス提供のために、多くのオプションを用意し、自宅でくつろぐかのような滞在を実現している。プーケットでは滞在型のレジデンスとホテルとを併設しており、最低でも35㎡の占有面積を確保している。

次に見えてくるのはカッシーアとなる。コンセプトは〝Live, Laugh, Love Your Way〟であり、利用者が自由なスタイルで滞在を楽しめるさまざまな工夫がなされている。ロビーはポップな色使いが多用され（巻頭カラー写真3）、壁面には現代アートのような絵が描かれている（写真1－2）。ダイニングスペースにはコンビニが併設されており、食材を買って自分で食事を用意することもできる。

写真1－2　カッシーアのロビー周辺

プールサイドもポップでカジュアルなイメージが強調されている。色とりどりのパラソルが印象的だ（巻頭カラー写真4）。

客室には本格的なキッチンを併設し、自身で食事を調理できる環境も用意されている。もちろん調理器具も取り揃えられている。

リビングルームとベッドルームは一般的な家具・什器が用意されているが、壁にはロビーと同じコンセプトの絵が飾られている。

写真１－３　客室のキッチン

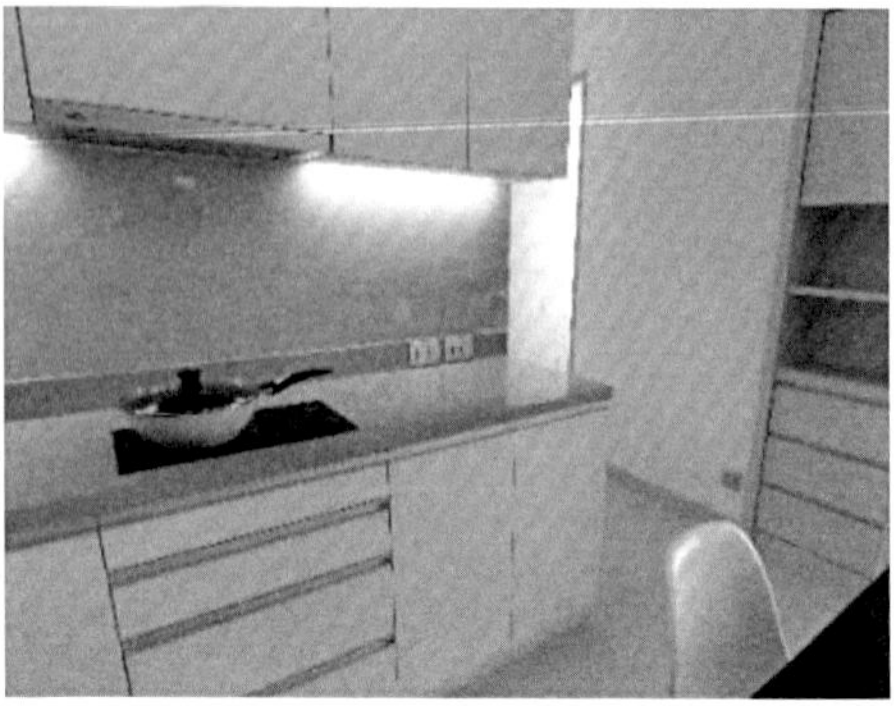

写真１－４　リビングルーム

写真１－５　ベッドルーム

図表１－４　アンサナのマップ

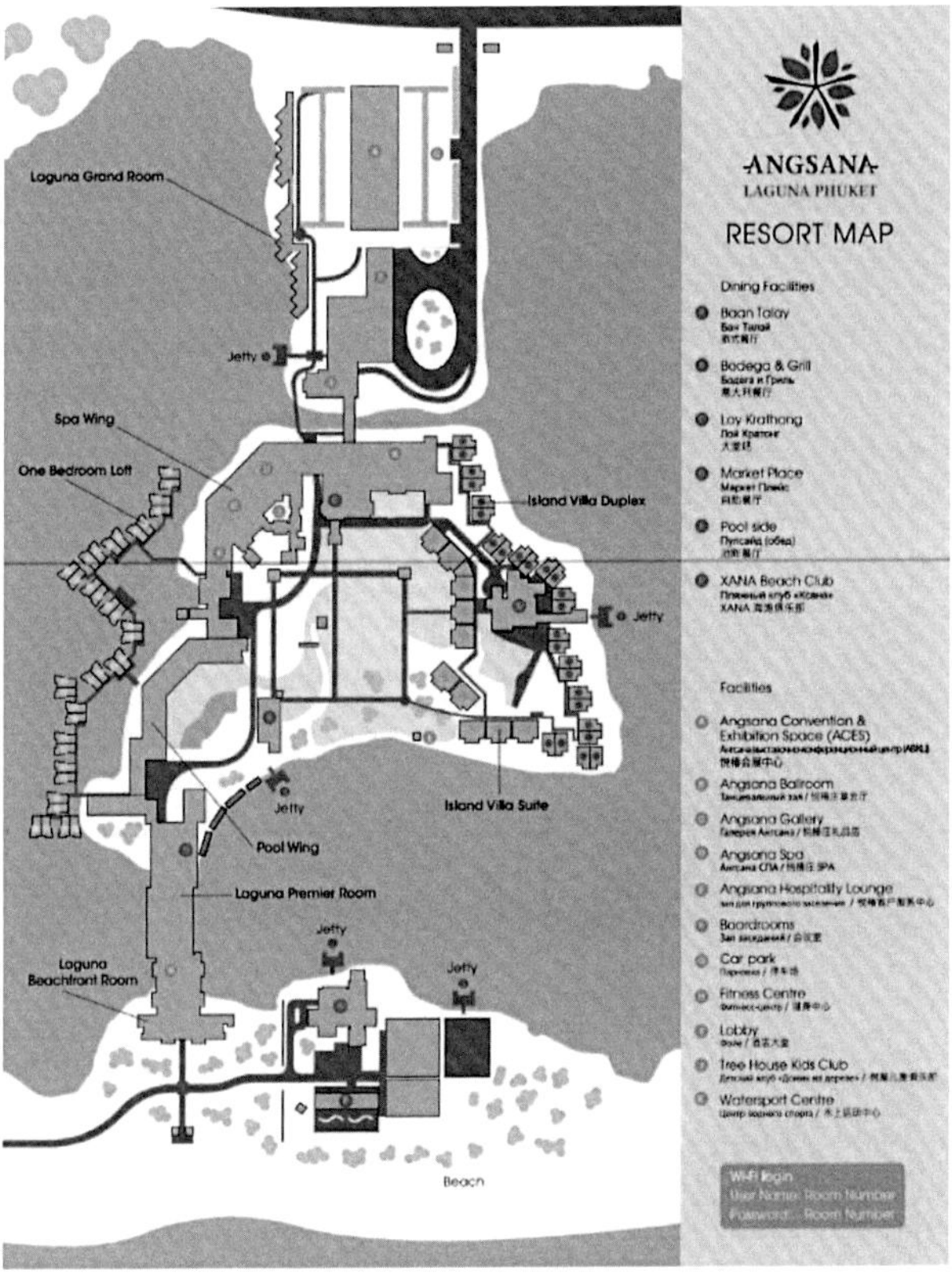

出所：同社提供／Courtesy of Banyan Tree Hotels & Resorts Pte. Ltd.

続いて見えてくるのは、ラグーンに囲まれるような立地のアンサナである。〝Sensing The Moment〟というコンセプトを掲げ、フラッグシップたるバンヤンツリーよりはややカジュアルで、カップルのみならず、ファミリー層、あるいは友人同士のグループ旅行にも最適な構成

写真１－６　アンサナの全景

写真１－７　アンサナのエントランス

写真１－８　アンサナの敷地内

となっている。

広大な敷地を活かして、低層の建物が横に長く広がっている。また、ラグーンをまたぐように建物群が配置されているため、各客室からはラグーンが眺められるようになっている。中央にはシンボルタワーもそびえており、リゾート気分を盛り上げてくれる。

写真１－９　アクティビティも可能なプール

写真１－10　ツインベッドルーム

多様な客層に応えられるよう、プールも通常のタイプの他に、砂浜を形成し、水中バレーなど色々なアクティビティに利用できるものも存在する。そのプールを見下ろすように並んでいる客室や、直接そのプールに面している客室も多い。いずれも、十分な広さを確保しており、ツインベッドのタイプが多数存在するのもアンサナの特徴的な点である。

また、水上シャレー形式の客室もあり、メゾネットとなっているものもある。この中には、屋外シャワーが用意され、ベッドもキングサイズ１台で、カップルにぴったりの客室も存在する。

写真１－11　水上シャレー

写真１－12　屋外シャワー

写真１－13　ベッドルーム

写真１－14　リビングルーム

写真１－15　キッズクラブ

一方でファミリー層にも気軽に利用してもらえるよう、キッズクラブもかなり充実した設備を用意している。子供向けのアクティビティも多くあり、長期滞在でも飽きがこないよう工夫されている。

写真１－16　ビーチサイドのレストラン

写真１－18　プールサイドのバー

写真１－17　レストラン：Baan Talay

また、これも長期滞在に重要なポイントとなる料飲サービス施設も充実しており、ビーチクラブの屋外レストラン、フラッグシップのレストラン、プールサイドのラウンジなど多彩である。

3　バンヤンツリー・プーケット

そして、最後に見えてくるのがバンヤンツリーである。〝A Sanctuary For The Senses〟とのコンセプトのもと、全室プール付の独立したヴィラ形式であることを基本としており、ハネムーナーをはじめとしたカップルに絶大な支持を誇っている。この「プライベート・プール付」というのがバンヤンツリーの大きな特徴である。

なお、ここまで紹介した各施設はラグーンに面しているため、バンヤンツリーを含め、施設間を船で移動することも可能である。

バンヤンツリーの車寄せには、まさにバンヤンツリー（菩提樹）がそびえている。これを中心にロータリーが形成され、宿泊客のエントランス、スパのエントランス、そしてゴルフコース（Laguna Golf Phuket）のエントランスに三方を囲まれている。

写真1－19　車寄せ

写真1－20　中央の菩提樹

図表1－5　バンヤンツリーのマップ

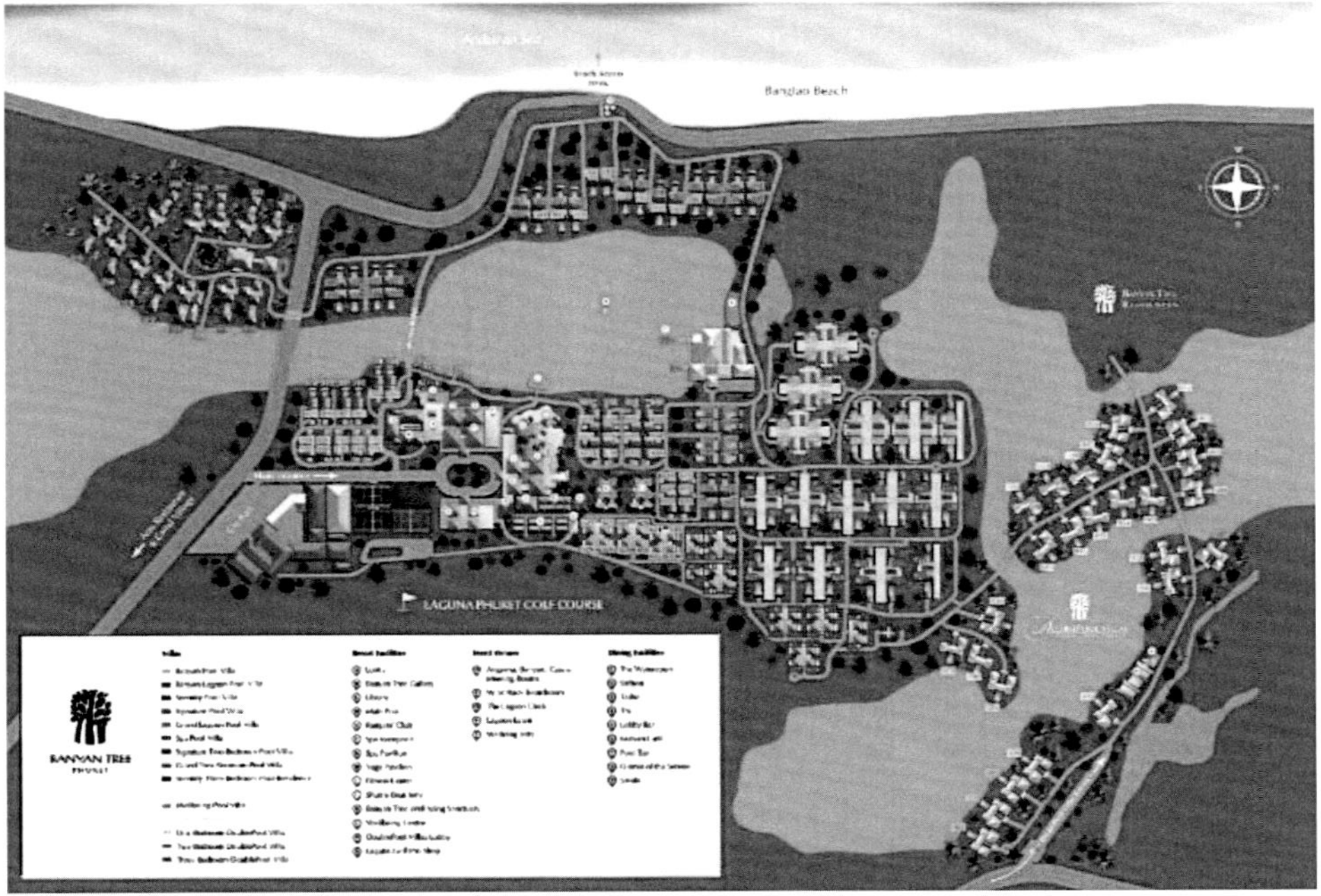

出所：同社提供／Courtesy of Banyan Tree Hotels & Resorts Pte. Ltd.

ゴルフコースにはバンヤンツリー以外のラグーナ・プーケットにあるリゾートの宿泊客のみならず、他の地域から訪れる人々もおり、常に賑わっている。向かいにあるバンヤンツリーのエントランスは比較的静かである。しかし、200近いヴィラのエントランスだけあって、チェックイン・チェックアウト時はそれなりの活況を呈することになる。
宿泊客のエントランスを入ると、左手にチェックイン・アウトのためのフロント機能を持つデスクが並んでいる。通常は、その手前のソファのスペースに案内され、ウェルカムドリンクをいただきつつチェックインの手続きとなる。

写真1－21　ロビー

写真1－22　レセプション

写真1－23　ロビー中央の池

ロビー周辺には、他にライブラリー、レストランの「サフラン（Saffron）」やバーが配置されている。開放感あふれるロビーの向こうにはラグーンも広がっている。

シグナチャー・レストランの位置づけとなるのがサフランである。同名のレストランは他のバンヤンツリーにもあり、いずれでも同様の扱いとなる。プーケットではラグーンを見渡せる位置にあり、基本はディナーのみ、伝統的な調理法によるタイ料理が楽しめる。その他のレストランにはラグーンにせり出している席もある。

写真1－24　ラグーンから見たロビー棟

また、バンヤンツリーでは、「デスティネーション・ダイニング」と称する特別なディナー・プランが用意されており、それぞれのリゾートの立地を活かした趣向が凝らされている。プーケットでは「サンヤ・ラク・ディナー・クルーズ（Sanya Rak Dinner Cruise：愛の誓い）」と、ラグーンに浮かぶステージ状のレストランをひとり占めする「ディナー・フォー・ザ・センシズ（Dinner for the Senses）」が用意されている。

写真１－25　ラグーンにせり出す席

写真１－26　ディナー・クルーズの船

写真１－27　ラグーン上のステージ

また、スパに隣接し、メイン・プールに囲まれた場所に和食の「タイヘイ（Taihei）」もある。こちらもディナーが基本である。朝食はサフランの下に位置する「ウォーターコート（Water Court）」で摂ることができる。さらに、ゴルフコースに面した「バンヤン・カフェ（Banyan Cafe）」では、気軽な食事が楽しめる。バーは、夜のみ営業の「ロビーバー」と、昼間時間帯のみ営業の「プールバー」がある。

なお、後述する「ダブルプール・ヴィラ（Double Pool Villa）」の利用者には、専用

写真１－28　メイン・プール

写真１－29　メイン・プール

のレストランである「トレ（Tre）」も用意されている。

チェックイン手続きが終わると、電動カートに案内され、いよいよヴィラに向かうことになる。全室プール付の独立したヴィラ形式であるため敷地が大変広く、ヴィラによっては徒歩での移動が大変な場所にある。途中でメイン・プールなどを横目に移動していく。

メイン・プールはリゾートらしく変形となっており、一部にいわゆる「流れる」ようになっているところや「打たせ湯」のような仕組みがあるほか、レストランに食い込んでいるような部分もある。

写真１－30　写真撮影スポット

敷地内には、先ほど紹介したラグーン内の「ステージ」以外にも「写真映え」するスポットが多数用意されている。たくさんの木が並んでいる小径や、夜になるとライトアップされる東屋など、多く

図表1－6　バンヤンツリー・プーケットの客室一覧

名　称	定員	ベッドタイプ	広さ	眺望
Serenity Pool Villa	2名	King	140㎡	Pool View
Banyan Pool Villa	2名	King	170㎡	Pool View
Banyan Lagoon Pool Villa	2名	King	170㎡	Lagoon
Signature Pool Villa	2名	King	270㎡	Pool View
Grand Lagoon Pool Villa	2名	King	270㎡	Lagoon
Signature Two Bedroom Pool Villa	4名	King & Twin	350㎡	Pool View
Grand Two Bedroom Pool Villa	4名	King & Twin	380㎡	Pool View
Serenity Three Bedroom Pool Villa	6名	King & 2 Twin	435㎡	Pool View
Spa Pool Villa	2名	King	550㎡	Lagoon

出所：同社資料より著者作成。

のカップルが撮影に興じているのを目にする。

さて、ここからはいよいよ客室を説明する。

バンヤンツリーはプライベート・プール付のヴィラのみで構成されている。プーケットの場合、もっとも小さいヴィラ（Serenity Pool Villa）でも140㎡もの広さがあり、もっとも大きなSpa Pool Villaは550㎡もある。いずれもキングサイズのベッドを基本とした構成で、一部にファミリー向けの、ツインのサブ・ベッドルームを備えたヴィラも用意されている。

ベースはセレニティ・プール・ヴィラ（Serenity Pool Villa）である。ベースとはいえ十分すぎる広さといえよう。専用プールも17・5㎡あり、いつでも好きなときに楽しむことが可能である。

この上のランクであり事実上のベーシック・ラインとなっているのがバンヤン・プール・ヴィラ（Banyan Pool Villa）とバンヤン・ラグーン・プール・ヴィラ（Banyan Lagoon Pool Villa）である。違いは景色、すなわち、ラグーンに面しているかどうかのみとなる。

図表1－7　Banyan Pool Villaのレイアウト

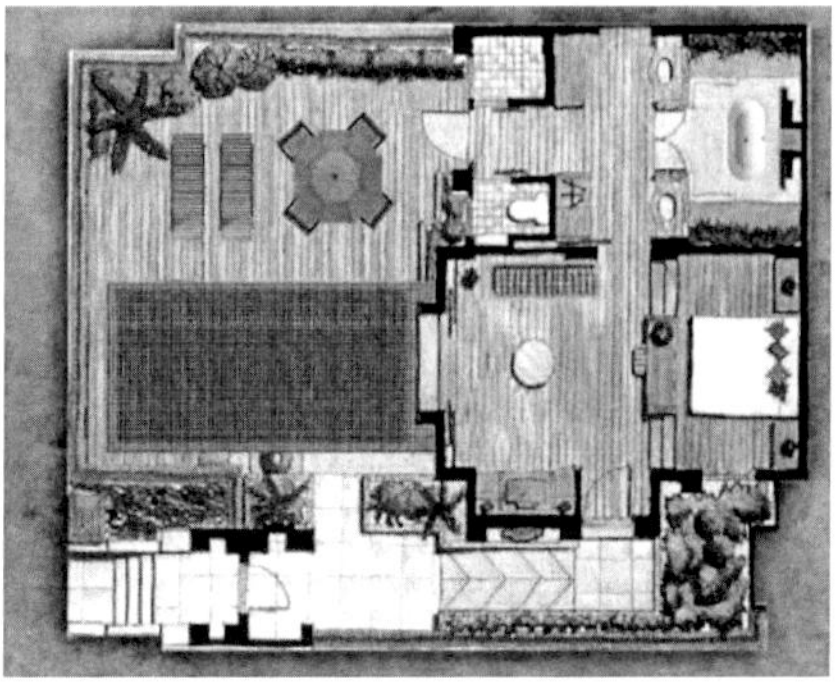

写真1－31　同ヴィラの写真

出所：以下，図表1－9，写真1－36まで同社提供／Photos courtesy of Banyan Tree Hotels & Resorts Pte. Ltd.

ここでは前者のレイアウトと写真を掲載する。170㎡の占有面積を誇るスペースに、3・5m×6mと、十分な大きさのプールが用意され、屋内外それぞれにくつろぐためのスペースが配置されている。バスルームもかなりの広さがあり、バスタブはアウトドア。周囲が壁で囲われているため景色は望めないが、逆に「おこもり」にはぴったりであるといえる。

その上がシグナチャー・プール・ヴィラ（Signature Pool Villa）とグランド・ラグーン・プール・ヴィラ（Grand Lagoon Pool Villa）であり、いずれも270㎡の占有面積がある。専用プールは9m×3m、デイベッドを備えたサラ（東屋）も用意されている。前者のレイ

図表1－8　Signature Pool Villaのレイアウト

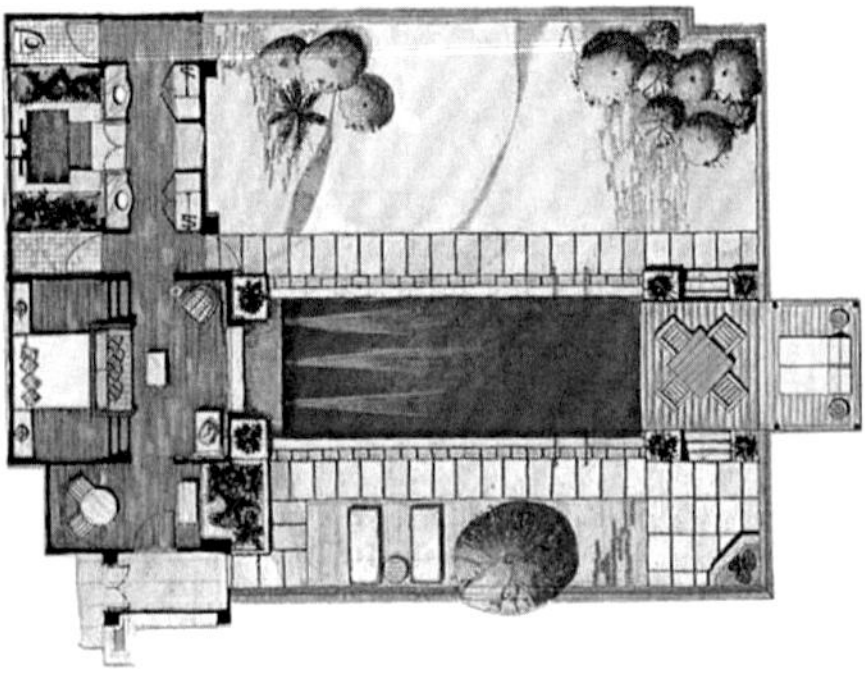

写真1－32　同ヴィラの写真

アウトと写真を掲載する。

シグナチャー・2ベッドルーム・プール・ヴィラ(Signature Two Bedroom Pool Villa)とグランド・2ベッドルーム・プール・ヴィラ(Grand Two Bedroom Pool Villa)はいずれも、キングサイズのベッドが置かれたメイン・ベッドルーム以外に、ツインベッドが置かれるセカンド・ベッドルームが用意され、4名での利用が可能である。どちらのベッドルームにもバスルームが用意されている。前者のヴィラは350㎡、後者は380㎡の占有面積となっている。3・5m×9mのプールを備え、ダイニングスペース、リビングスペースも広い。ミニキッチンや書斎も用意されており、すべての設備を使いこなすのは大変かもしれない。レイアウトと写真は後者である。

セレニティ・3ベッドルーム・プール・ヴィラ（Serenity Three Bedroom Pool Villa）は435㎡で、キングベッド1台のメイン・ベッドルームに加えて、ツインベッドが置かれたベッドルームが2室ある。

スパ・プール・ヴィラ（Spa Pool Villa）は550㎡の占有面積を誇る、最大の客室である。ベッドルームはユリの池に囲まれ、床から天井までの窓とあいまって、きわめて開放感にあふれた「フローティング・パビリオン」となっている。専用プールも3・5×11・5mある。さらに、本カテゴリーに宿泊のお客様は、1泊につき60分のスパ・プログラムを受け

図表1－9　Grand Two Bedroom Pool Villa のレイアウト

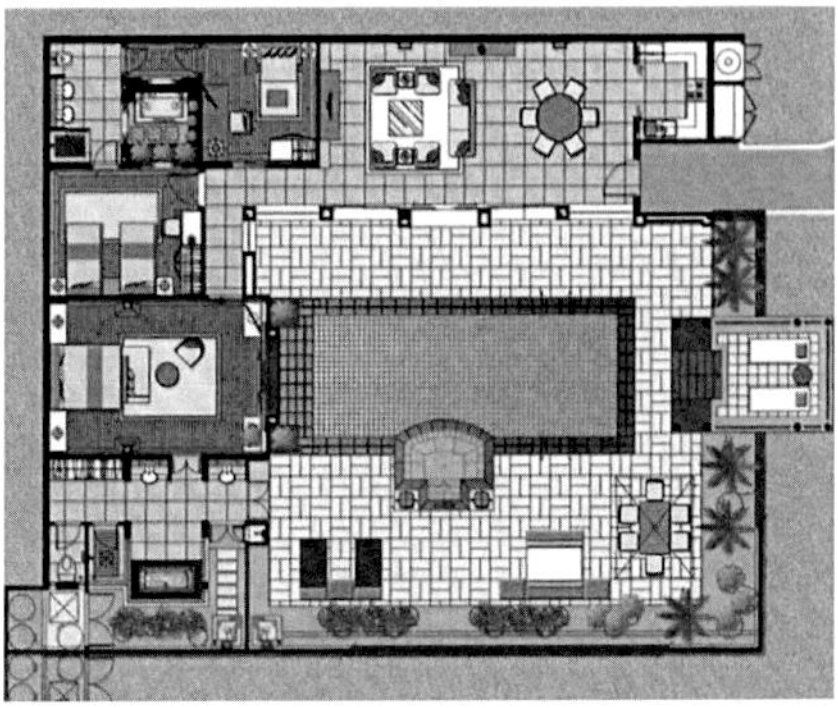

写真1－33　同ヴィラの写真

図表1－10　Double Pool Villa by Banyan Treeの客室一覧

名　称	定員	ベッドタイプ	広さ	眺望
1 Bedroom Double Pool Villa	2名	King	1,300㎡	Lagoon
2 Bedroom Double Pool Villa	4名	King & Twin	1,500㎡	Lagoon
3 Bedroom Double Pool Villa	6名	King & 2 Twin	2,500㎡	Lagoon

出所：同社資料より著者作成。

ることが可能である。

どのタイプも、非常にゆったりとしたスペースが確保され、かつ、必ずプールが付いていることがこのリゾートにおける大きな特徴となっている。

4　ダブルプール・ヴィラ

一方で、ここには最上級のカテゴリーとして、通常のヴィラとは別に「ダブルプール・ヴィラ（Double Pool Villa by Banyan Tree）」というタイプも用意されている。

ダブルプール・ヴィラのエリアには、まるで高級別荘地のように、森の間にヴィラが点在しているのが見て取れる。占有面積は桁が変わり、もっとも狭い（？）1ベッドルームでも1、300㎡もの広さを誇って

写真1－34　ダブルプール・ヴィラの遠望

図表1－11　2 Bedroom Double Pool Villaのレイアウト：右がメイン・プール，左下のベッドルームを囲んでいるのがサブ・プール

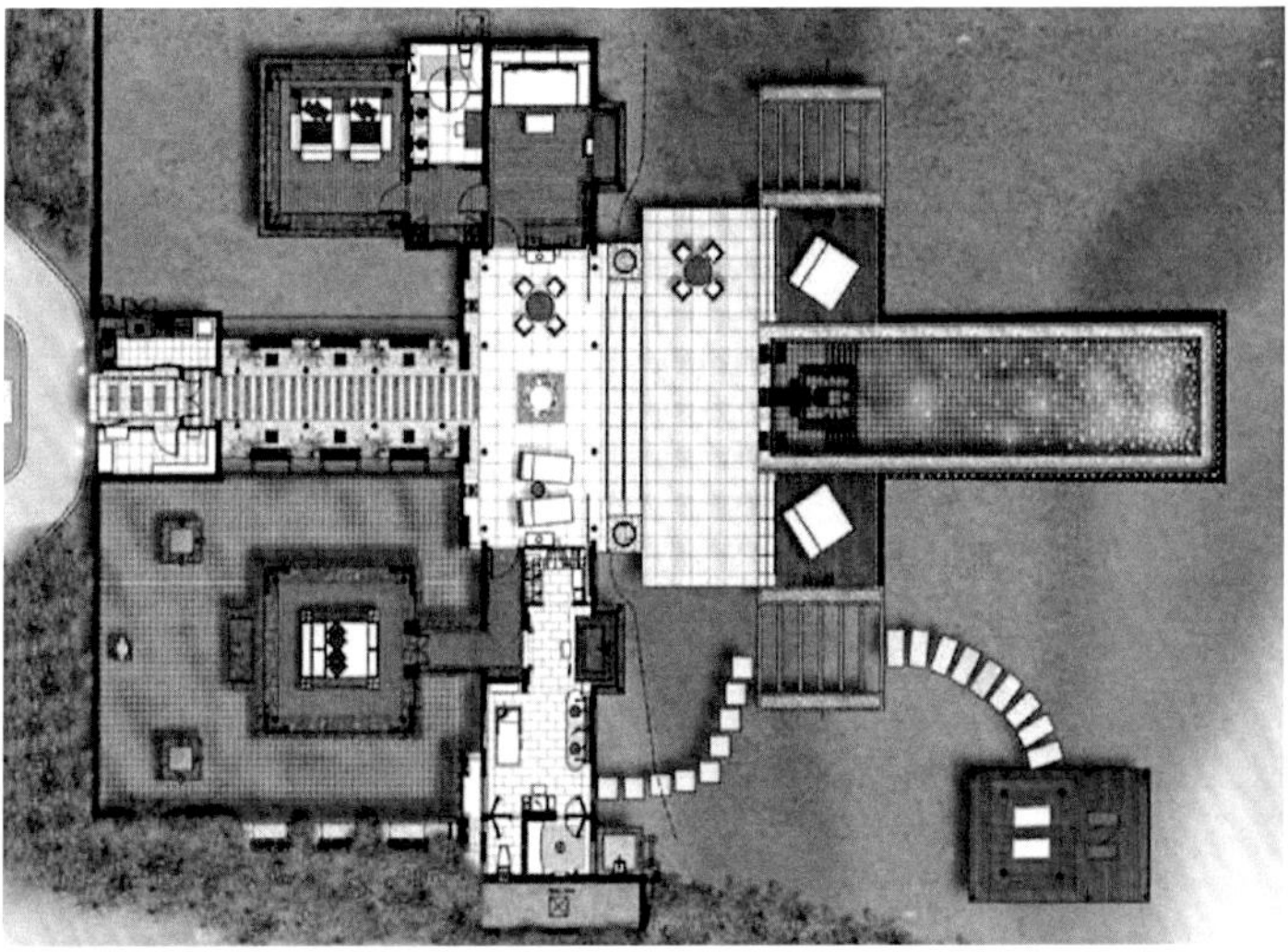

出所：同社提供／Photos courtesy of Banyan Tree Hotels & Resorts Pte. Ltd.

いる。その広大なスペースに、なんとプライベート・プールが各ヴィラに2つずつ用意されている。これが名称の由来である。2006年に開発された、いかにもバンヤンツリーらしいヴィラであるといえよう。

　1ベッドルームは1、300m^2もの占有面積を誇り、多くの木々や花々で囲まれている。本格的なキッチンも用意されており、完全にプライベートの環境で、ヴィラ内でフルコース料理の提供も可能である。

　2つあるプールのうち、「ヴィラのメイン・プール」といえるのは、リビングルームに面したインフィニティ・プールであり、15m以上もの長さがある。バスルームからも専用の庭越しにプールを眺めることが可

能である。庭園にはもちろんデイベッドが付帯したサラも用意されている。

もう1つのプールは、寝室を取り巻くように配置されている。深さはそれほどではなく、いわゆる「プランジプール」に類するものであるが、面積的にはかなりの広さがある。ベッドルームは床から天井までの大きな窓で囲まれているので、まるでプールに浮いている神殿のようである。

写真1－35　ダブルプール・ヴィラのエントランス

ベッドルームが2つある2ベッドルームは、占有面積も1,500㎡に及ぶ。1ベッドルームとは、ツイン・ルームが設置されたセカンド・ベッドルームとそれに付随するバスルームがある点が異なっている。メイン・ベッドルームは1ベッドルームと同様である。以下の説明は、2ベッドルームのものである。

ヴィラの入り口には自転車が用意され、広大な敷地内を自在に走り回ることが可能である。もちろん電動カートを呼ぶこともできる。また、各ヴィラにはヴィラ・ナンバーとともに、顧客名も掲げられる。

ヴィラの入口を入ると、まっすぐに廊下が続いている。廊下の突き当たりにあるガラスの扉をあけると、そこには客室の中核となるリビングとダイニングのスペース、そしてその向こうに「ヴィラのメイン・プール」（このような表現は他で聞いたことがない）が広がっている。
客室のメイン・スペースには、左右それぞれにリビングスペースとダイニングスペースが配置されている。巨大な窓の向こうには、広大な専用の庭に囲まれるように、メイン・プールが広がっているのを眺めることが可能である。

写真1－36　ヴィラのエントランス内部

写真1－37　ダイニングスペースから庭とプールを望む

メイン・プールは15ｍもの長さがある。ちょっとしたリゾート・ホテルのメイン・プールにも匹敵しようかというこのプールを占用できるというだけで、誰もが気持ちを昂ぶらせることだろう。そして、そこにはジャグジーも用意されている。

周囲は広い庭となっていて、その庭の周囲は樹木で囲まれ、完全にプライバシーが保たれている。庭の一角には、アウトドアのシャワーも設置されていて利便性が高い。

写真１－38　ヴィラのメイン・プール

写真１－39　ジャグジーとメイン・プール越しのラグーン

写真１－40　アウトドア・シャワー

写真１－41　ベッドルーム（夜）

写真１－42　ベッドルーム（昼）

写真１－43　サブ・プール越しのベッドルーム

写真１－44　サブ・プールとベッドルーム

さて、メインのベッドルームをご覧いただこう。前述したようにこのベッドルームは、周囲をサブ・プールで囲まれている。深さはかなり浅く、「泳ぐため」のプールとはいえないが、半身を水に預けつつシャンパンを楽しむなど、多様な使い方ができるだろう。

途中でも少し触れたが、バンヤンツリーのプールに対するこだわりは並大抵ではない。この点は、第3章の解説で詳しく触れるので、頭の片隅に置いておいていただきたい。

メインのバスルームは庭

とメイン・プールに面したところにある。こちらも非常に広く、ここだけでちょっとしたホテルの客室に匹敵するかもしれない。
　大きなリビングスペースとは別に、天井の高い書斎的なスペースも用意されている。そしてその奥にはセカンド・ベッドルームがあり、こちらにはツインベッドが置かれていて、十分な広さのバスルームも用意されている。なお、写真は掲載していないが、お手洗いはもう1つあり、合計3箇所にあることになる。

写真1－45　メイン・バスルームのバスタブから眺めるメイン・プール

写真1－46　バスルーム

写真1－47　書　斎

写真1－48　天井を見上げる

写真1－49　セカンド・ベッドルームとバスルーム

写真1－50　フローティング・ブレックファースト

最高峰のヴィラが3ベッドルームであり、占有面積は2、500㎡にも及ぶ。2ベッドルームにさらにもう一組、ツイン・ベッドのベッドルームとバスルームを足したものであり、サラも大きなものが用意されている。

いずれのダブルプール・ヴィラも、電話一本でサービスに応えてくれるバトラーが待機している。また、ダブルプール以外を含め、「イン・ヴィラ・ダイニング」を楽しむことが可能である。特に、最近ではプールに浮かべる朝食が人気を集めている。

その他の施設も、さまざまなものが用意されている。

バンヤンツリーではスパも非常に評価が高い。プーケットでは、「ウェルビーイング・サンクチュアリ」と称して多様なプログラムを提供している。加えて、前にも述べたがスパを毎日受けられる権利を付帯させたヴィラまで存在する。

メイン・プールは、スパの近くからラグーンに近いところにまで広がっている。かなりの大きさがあり、端から端まで行こうとすると、相当時間がかかる。

これも前に述べたが、ゴルフコースも隣接地にあり、ミーティングルームも用意されているので、ある程度の規模であればMICEにも対応できる。

5 アマンプリ

バンヤンツリーから自動車で20分程度、ラグーナ・プーケットの入口からは（渋滞がなければ）10分少々だが、夕方以降と朝は渋滞が激しいため倍以上の時間がかかる、そんなローカルの人々が行き交う道を進んでいくと、スリン・ビーチの入口に出る。そこから、バンタオ・ビーチとの間にある半島に進むと、この半島全体が「アマンプリ（Amanpuri）」となっている。

起伏に富んだ敷地内には、「パビリオン（Pavilion）」と名付けられた通常の客室と、「ヴ

図表1－12　アマンプリのマップ

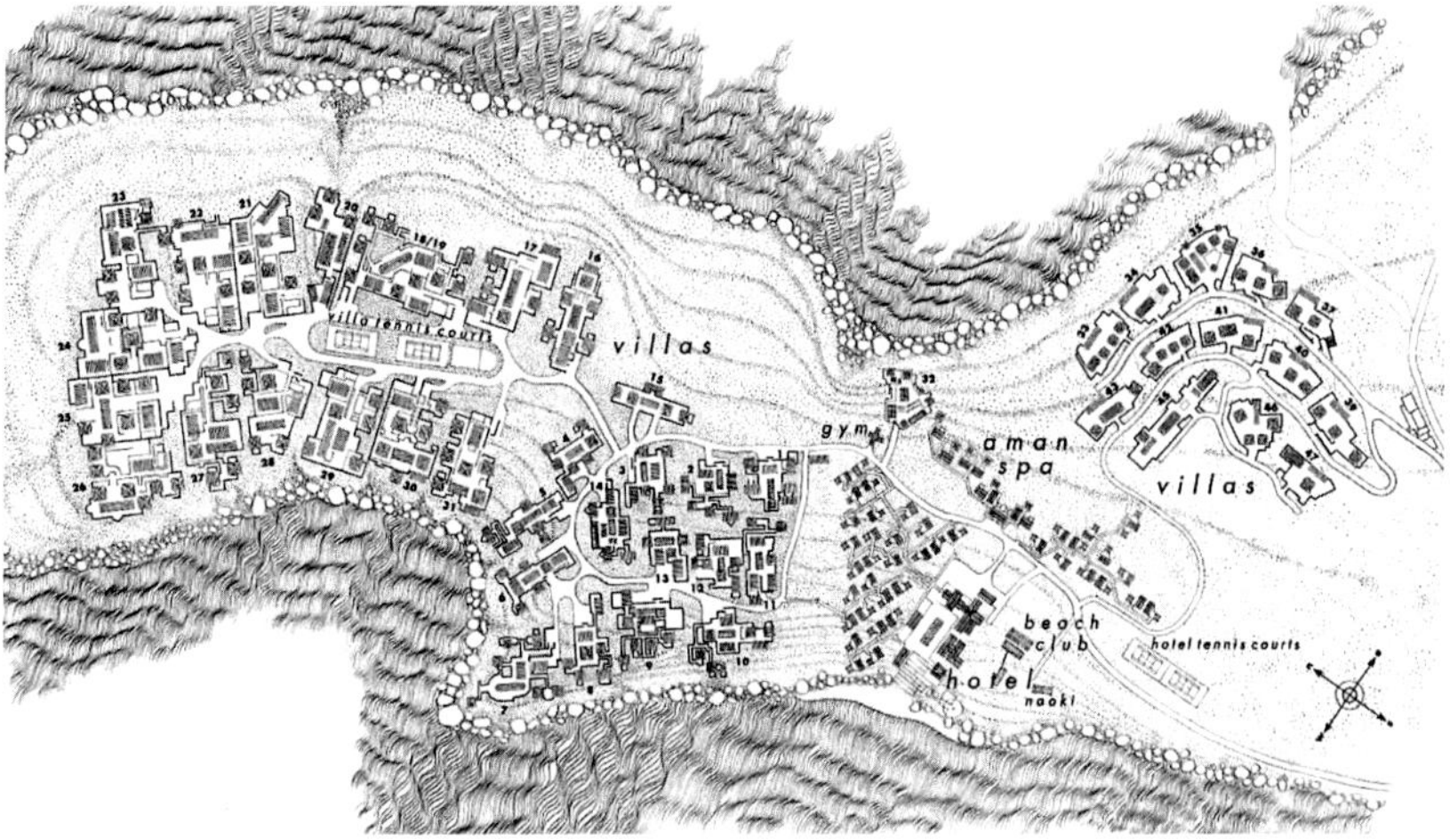

出所：同社提供の資料を著者が加工。

ィラ（Villa）」と名付けられた、広大な占有面積を持つ客室とが用意されている。ヴィラは半島の先端部を占め、常駐スタッフ2名が各ヴィラに配置され、2ベッドルームからなんと9ベッドルームのヴィラまで存在する。「ヴィラ」の意味が、本書における他の用法と違うので注意されたい。

到着したゲストは、最初に開放感のあるロビーエリア越しのプールを目にすることになる。このプールは「ブラック・プール」として有名になったが、周囲の木々を水面に映し、幻想的な雰囲気をかもし出している。そして、その周囲にレストラン、バーなどが配置されている。

写真１－51　エントランス

写真１－53　エントランス越しに
メイン・プールを望む

写真１－52　メイン・プールを囲む施設
群

写真１－55　屋外のディナーエリア

写真１－54　屋外のバーエリア

写真1－56　パビリオンが並ぶ

写真1－57　パビリオンのサラ

写真1－58　パビリオンのベッドルーム

写真1－59　パビリオンのバスルーム

パビリオンは、もっともリーズナブルな「パビリオン(Pavilion)」でも115㎡の広さがあり、サンデッキや屋外にはサラが用意されている。

他にも、広さは同じだが、景色が相違するガーデン・パビリオン(Garden Pavilion)、パーシャルオーシャン・パビリオン、オーシャン・パビリオン、デラックス・オーシャン・パビリオン、プレミアム・オーシャン・パビリオン(Partial/Deluxe/Premium Ocean Pavilion)、195㎡の占有面積にプライベート・プールが付いたガーデンプー

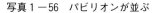

図表1－13　アマンプリのパビリオンと中心部の拡大マップ

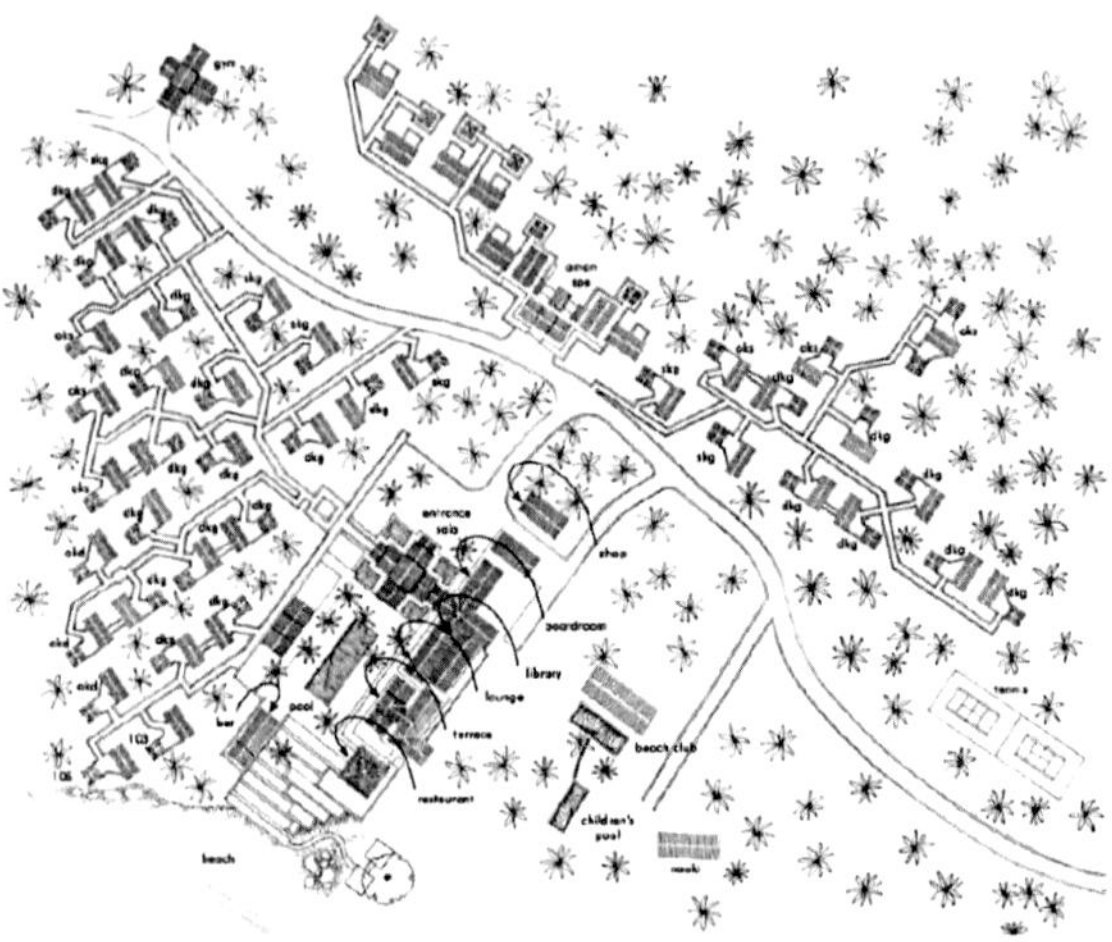

出所：同社提供の資料を著者が加工。

ル・パビリオン、230~235㎡のパーシャルオーシャン・プール・パビリオン、オーシャン・プール・パビリオン、350㎡のプール・パビリオン2ベッドルーム（Garden/Partial/Pool Pavilion）といった施設が用意されている。

6　広大な「ヴィラ」

一方、ヴィラ（Villa）の方だが、2ベッドルーム・ガーデンヴィラ／オーシャンヴィラ（2 Bedrooms Garden/Ocean Villa）から、3ベッドルーム、4と増えていき、8ベッドルーム・ガーデンヴィラ／オーシャンヴィラ、そしてなんと9ベッドルーム・オーシャンヴィラ（9 Bedrooms）まで用意されている。7ベッドルームまでは2、500㎡から3、500㎡程度の広さで

写真１－60　ヴィラのエントランス

写真１－61　ヴィラのリラックス・スペース

写真１－62　ヴィラのプール

写真１－63　ヴィラのプールとサラ

あるが、８ベッドルーム・オーシャンヴィラと９ベッドルーム・オーシャンヴィラは６、８５０㎡ある。この２種類はいずれも１泊１００万円を超え、ジムやマッサージルーム、スチームルームそしてキッチンや複数のサラも備え、各ヴィラがそれだけでホテルとして完結するような施設構成となっている。

　１つのヴィラあたりの占有面積を大きく取っていることもあり、ヴィラを構成する各施設間も、かなりゆったりとしたスペースが確保されている。こうしたヴィラが40以上、そしてパビリオンも40あり、

写真１－64　プールからの景観

写真１－65　プールサイドのリラックスエリア

写真１－66　専用プールもかなり大きい

写真１－67　ダイニング・サラ

写真１－68　２つのベッドルーム

写真１－69　ベッドルーム内

24ヘクタールを超える敷地に配置されている。

ただし、価格面と占有面積の広さばかりを強調したが、アマンプリの本当のすごさはその立地を活かしたさまざまなサービスの提供でもある。例えば、お客様が望めばどこででも食事を用意してくれるし、プールサイドのデッキチェアには、誰もいなくても真っ白なタオルが常に敷かれている。どこで食事をしても、いちいちサインを求められないことは有名だが、たとえ宿泊ではなくレストランのみの利用でも、どのスタッフも名前で呼んでくれる。

第2章では、こうしたアマン・リゾーツの変遷をたどるが、この物語は、ここアマンプリからスタートしたのである。

7　バンヤンツリーとアマン・リゾーツ

両施設とも、広大な占有面積を有する独立した建物を客室として使用し、そこで完璧にプライバシーを守られつつ過ごす時間にこそ価値を置いている点、そしていずれも、1990年前後に同じプーケットで誕生した施設であり、その後にビジネスモデルを確立し、急速に世界的なチェーン展開を進めた点、さらに、「サステナブル」というキーワードを重視している点などが共通している。

実は、なぜこの2つのチェーンを本書が取り上げているか、それは単に共通項があるからだけではない。他にも、以下の理由がある。

どちらも、もともと緻密な計画のもとで、当初から目指されていたリゾートでは必ずしもなかった。むしろ、本来的な目的は他にあった。アマンは個人の別荘、バンヤンツリーはリゾート開発によるホテル誘致である。しかし、どちらにも問題があったため、当初の計画を修正し、現在あるような姿になったという背景がある。そして、それにもかかわらず、短期間での世界展開を成し遂げ、業界を牽引する役割を果たした点こそがポイントになっている。

ただし、同様のプロセスをたどった類似のコンセプトのチェーンとしては、「シックス・センシズ（Six Senses）」も挙げられよう。同社も、離れ形式のヴィラが基本で、滞在することそのものが目的であり、創業も同時期、さらにサステナブルへの意識は、特に自然環境面においては、むしろこちらの方が高いかもしれない。

大きな相違点としては、シックス・センシズは創業者の手を離れたのみならず、創業者が別のチェーンを展開しはじめていること、そして、アマンとバンヤンツリーは日本でも展開もしくは展開予定であるという点である。アマン・リゾーツはすでに複数が日本に存在し、バンヤンツリーもまもなく上陸する。しかし、シックス・センシズに関してはそういった話は2021年現在、聞こえてこない。

そこで読者諸氏にとって、身近に感じることも不可能ではないバンヤンツリーとアマン・リゾーツを事例として取り上げることで、観光の本質、そして観光におけるイノベーションの軌跡を知っていただきたいと考えた次第である。

第2章 「アマン・リゾーツ」の足跡

1 創業者：エイドリアン・ゼッカ氏

アマン・リゾーツの創業者、エイドリアン・ゼッカ（Adrian Willem Lauw Zecha）氏は１９３３年、インドネシア・ジャワ島のスカブミという地で、インドネシア人の母とオランダ人の父のもとに生まれた。第二次世界大戦終結までは日本の統治下であり、生まれながらにして多様性の中にいたことになる。

米国ディキンソン大学、ジョンズ・ホプキンス大学、コロンビア大学で学んだ後、１９５３年にインドネシアに戻り、ＵＰＩ通信、『ニューヨークタイムズ』、『タイム』誌の特派員などをした。この前後におけるインドネシアの状況は、後のゼッカ氏の人生に大きな影響を及ぼしたと考えられるので、少し情報を整理しておきたい。

インドネシアは１９４５年の第二次世界大戦終結で独立を宣言したものの、旧宗主国だったオランダは独立を認めようとしなかった。独立戦争を戦い、外交的な努力もあり、１９４９年にオランダは独立を承認するに至った。１９５０年に独立して憲法を制定、１９５５年には初の議会選挙を実施した。同年には「アジア・アフリカ会議」も開催され、スカルノ大統領の権力は強まっていったが、一方で反発する勢力の伸張にもつながった。

こうした環境下で、情報統制も厳しかったであろうことは容易に推察しうる。そのような状況において、ゼッカ氏はタイム誌に、スカルノ大統領をめぐるスキャンダル記事を掲載したのである。結果、彼は国外追放の憂き目に遭い、1955年末にニューヨークに赴くことになる。

米国に逃げてから、まずは、カストロが蜂起しようかというタイミングだったキューバに半年間程度赴任し、そして1956年9月に東京へやってきた。その後の2年間は東京で過ごしている。この間、神奈川県三浦半島にある「ミサキハウス」という別荘に通っていたという逸話もある。この辺りの詳細は、山口（2013）『アマン伝説』に詳しい。

さて、東京を離れたあとは、ニューヨークで1960年に『アジア・マガジン』という雑誌を創刊するに至った。創刊後ほどなく苦境に陥ってしまったが、その際に同社に50万ドルを投じたのが、かのメディア王、ルパート・マードック（Keith Rupert Murdoch）氏である。

1970年、今度は香港で旅行とライフスタイルをテーマとした『オリエンテーション』という雑誌を刊行する会社を設立した。同誌はその後、東・南・東南アジアやヒマラヤにおけるアートを中心とした構成となり現在に至っているが、彼自身は同社を1972年に売却している。

そこから2年間、冬はフランスのクーシュヴィルで、夏はバリ島で過ごしていた。いずれも、後に自身のリゾートを開業する地である。そして、それぞれの場所で、やがてさまざまな形でビジネスに関与することになる人たちとの交流を深めることになる。中には、後にバリ島で開業するアマンダリで関わることになるピーター・ミューラー（Peter Muller）氏や、その後のアマン・リゾーツの建築を多く手がけることになるケリー・ヒル（Kerry Hill）氏もいたという。

一方、当時、米国を中心に急成長中であった「マリオット（Marriott International）」が、この頃、低賃金の労働力を求めてアジアへの進出をもくろんでいた。ゼッカ氏は、そのマリオットのアドバイザーとなった。実はこれが、彼とホテル・ビジネスを結ぶ最初の機会である。

ところが、１９７３年のオイルショックにより、マリオットはアジア進出計画を凍結する。

ここで、大変著名なホテリエとして、ロバート・バーンズ（Robert H. Burns）氏の名前を挙げておかねばならない。１９２９年にニューヨークで生まれた彼は、ミシガン州立大学でホテルのことを学んだ後、当時の「シェラトン（Sheraton Hotels）」に入社、ハワイで同社が買収した4軒の名門ホテル、すなわち「モアナ（Moana）」、「ロイヤル・ハワイアン（Royal Hawaiian）」、「サーフライダー（Surfrider）」、「プリンセス・カイウラニ（Princess Kaiulani）」のマネジメントのため、ハワイに赴任した（現在、モアナとサーフライダーは

１つのホテル：「ウェスティン・モアナ・サーフライダー」になっている）。その後、１９６３年に「カハラ・ヒルトン（Kahala Hilton）」（現在は、「ザ・カハラ・ホテル&リゾート」になっている）が開業すると、そちらに移籍し、やがて総支配人となった。

１９７０年にバーンズ氏はカハラを離れ、東急電鉄（当時）と合弁で「リージェントホテルズ・インターナショナル（Regent Hotels International）」を香港に設立した。ところが、１９７３年には東急と袂を分かつことになり、そこに１９７４年に合流したのが、やがてそれぞれのホテルチェーンを設立するジョージ・ラファエル（George R. Rafael）氏とゼッカ氏だったのである。ゼッカ氏はファイナンス面と開発を主として担当することになった。

リージェントは、１９８１年にグランドオープン（前年にソフトオープン）を迎え、その後、伝説的な存在となる「ザ・リージェント香港（The Regent HongKong）」を含むホテルを北米、カリブ、欧州、アジアで開業させた。

ところが、ラファエル氏とゼッカ氏は、１９

写真２－１　インターコンチネンタル香港（開業時はザ・リージェント香港）

86年にそれぞれ30％ずつ持っていた株を、3千万ドルずつでバーンズ氏に売却した。なお、バーンズ氏は香港上海銀行のバックアップも受け、同行が5％を保有し、後に30％を当時の日本企業であったイ・アイ・イ・インターナショナルが保有することになった。しかし、同社の破綻とともにリージェントは「フォーシーズンズ・ホテルズ&リゾーツ（Four Seasons Hotels & Resorts）」に1億2、200万ドルで売却されてしまった。フォーシーズンズは1997年にブランドの使用権を「ラディソン（Radisson）」系列の各ホテルを運営していた「カールソン（Carlson Hotels Worldwide）」に売却、さらにカールソンは2010年、台湾最大のホテル運営企業であった「フォルモサ・インターナショナル・ホテルズ（Formosa International Hotels）」に売却した。フォルモサは2018年に「インターコンチネンタル・ホテルズ・グループ（IHG：Inter Continental Hotels Group）」に所有権の51％を売却、その結果「インターコンチネンタル香港」となっていた施設が、開業時の「ザ・リージェント香港」に戻されることになった。

なお、ラファエル氏は「ラファエル・ホテルズ（Rafael Hotel Group）」を設立し、ゼッカ氏もサポートしたが、これは後に「マリオット（Marriott International）」に売却されている。また、これとは別にゼッカ氏は、ジークフリート・ベイル（Siegfried Beil）氏とともに、「ビューフォート・ホテルズ（Beaufort Hotels）」を設立し、オーストラリアのブリスベン、ダーウィン、シンガポール、タイのバンコクにホテルを所有したが、このうちバンコクの「ザ・スコータイ（The Sukhothai Bangkok）」は、後にアマンの建築を手がけることになる

写真２－２　ザ・スコータイ・バンコク

写真２－３　スコータイのバスルーム

ケリー・ヒル氏やエド・タートル（Ed Tuttle）氏が関与している。

2　アマンプリの誕生と初期の展開

ゼッカ氏は、リージェント売却で得た資金を不動産投資にも振り向けた。一部は友人のアニル・タダニ（Anil Thadani）氏が運営するプライベート・エクイティ・ファンドであるArral & Partnersに投資してもいる。

話は前後するが、１９８４年頃、ゼッカ氏はプーケット島で別荘地を探していた。パンシー・ビーチに近い場所に絶好の土地を見つけたが、水道が通っていないことが大きな問題であった。だが、もしここに友人たちの別荘も建てることができれば、水道を引く費用もカバーできそうであった。そして、友人たちは一年中そこに住んでいるわけではないことから、使っていないときには旅行者に貸すことも可能と考えた。

ただ、当時は大規模なリゾートがビジネスとしては現実的

写真２－４　アマンプリのヴィラ

であったことから、銀行に所要資金の一部２５０万ドルの融資を申し込んだが、融資を受けることはかなわなかった。そのため、ゼッカ氏はタダニ氏らとともに全額自己資金で建設することとし、４００万ドルを投じてわずか40室のリゾートを１９８８年にオープンさせるに至った。これが「アマンプリ（Amanpuri：平和な場所）」である。銀行としては、５００室規模のホテルを造るといった計画こそが現実的であり、40室ではとてもペイするとは思えなかったのである。

アマンプリのヴィラには、広大なスペースの中央にプライベート・プールが置かれ、それを囲む形で独立したダイニングやリビング、そしてベッドルームが建っている（第1章も参照）。そして、現地採用のスタッフが、慇懃ではない、まるで家でもてなすかのようなサービスを提供した。

特筆すべきは、アマンプリの建設に際して、椰子の木1本さえ伐採することがなかったという点である。写真2－4を見てもわかるように、もともとあった木を避けるように施設を配置している。これは、現在では当たり前となりつつあるキーワードである「サステナブル」を先取りしたものであるといえる。

また、設計はエド・タートル氏が担当した。彼のデザインは微に入り細にわたっており、家具や什器はもちろん、ゴミ箱、文具類、従業員のユニフォーム、アートなど、施設のハード全般に目を配ったという。

リゾートには、ホテルに当然あるはずのフロントデスクは存在せず、当初はテレビや電話も置いていなかった。各ヴィラには専属のバトラーがいて、ヴィラでチェックイン手続きが可能であった。さらに、リゾート内での飲食をはじめとした購買に際して、サインを必要としない形態を採用した。

開業当時は1泊約250ドルであったが、当時のプーケット島における最高のホテルは「プーケット・ヨット・クラブ」で、75ドルであった。いかに破格の存在であったかが理解できよう。

現在では、第1章でも述べたように、40棟のパビリオンと、40棟少々のヴィラとによって構成されている。開業当初は約3万円を下回る価格で泊まれたが、現在では10万円以上出さなければ泊まれない。評価の高まりとともに、価格も着実に上昇している（図表2－1）。

図表２－１　アマンプリの価格変化

（単位：THB（＝当時約５円）またはUSD）

<table>
<tr><th></th><th>1993年</th><th>1995年</th><th>2000年</th><th>2003年</th><th>2006年</th><th>2013年</th></tr>
<tr><td>Garden View</td><td rowspan="12">THB6,000~
THB15,000</td><td rowspan="12">257~
2,772</td><td>400</td><td>600~650</td><td>680</td><td>1,050~</td></tr>
<tr><td>Superior Garden View</td><td>485</td><td>700~750</td><td>780</td><td>1,150~</td></tr>
<tr><td>Superior Partial Ocean View</td><td>565</td><td>825~875</td><td>920</td><td>1,750~</td></tr>
<tr><td>Deluxe Ocean View</td><td>730</td><td>1,050~1,150</td><td></td><td></td></tr>
<tr><td>103 Ocean View</td><td>780</td><td>1,200~1,300</td><td></td><td></td></tr>
<tr><td>105 Ocean View</td><td>900</td><td>1,400~1,500</td><td></td><td></td></tr>
<tr><td>Villa Home</td><td rowspan="6">1,110~
4,800</td><td>1,600~1,700</td><td></td><td rowspan="6">3,450~</td></tr>
<tr><td>Villa Home 2 Bedrooms</td><td>2,350~2,500</td><td></td></tr>
<tr><td>Villa Home 3 Bedrooms</td><td>2,380~3,750</td><td></td></tr>
<tr><td>Villa Home 4 Bedrooms</td><td>3,180~5,000</td><td></td></tr>
<tr><td>Villa Home 5 Bedrooms</td><td>5,800~6,100</td><td></td></tr>
<tr><td>Villa Home 6 Bedrooms</td><td>6,950~7,300</td><td></td></tr>
</table>

出所：以下の表も含め著者作成。

図表２－２　ホテル・ボラ・ボラの価格変化

（以下，特記以外は単位：USD）

<table>
<tr><th></th><th>1995年</th><th>2000年</th><th>2003年</th></tr>
<tr><td>Bungalows (Garden)</td><td rowspan="9">395~700</td><td>430</td><td></td></tr>
<tr><td>Superior Bungalows (Beach)</td><td>525</td><td>675</td></tr>
<tr><td>Deluxe Bungalow (Beach)</td><td>650</td><td></td></tr>
<tr><td>Overwater Bungalow (Lagoon)</td><td>675</td><td>900</td></tr>
<tr><td>Premium Overwater Bungalow (Lagoon)</td><td>725</td><td></td></tr>
<tr><td>Jacuzzi Fare</td><td>600</td><td></td></tr>
<tr><td>Beach Fare</td><td>600</td><td></td></tr>
<tr><td>Pool Fare</td><td>675</td><td>850</td></tr>
<tr><td>Premium Fare</td><td>700</td><td>950</td></tr>
</table>

結果的に、アマンプリはビジネスとしても大成功を収めた。これを目の当たりにし、周囲の動きも慌しくなる。

アマンプリが開業した同じ年、タヒチの「ホテル・ボラ・ボラ（Hotel Bora Bora）」もアマン傘下となった。83室だった客室を55室に減らしての再スタートである。一般的なバンガローと、ポリネシアンスタイルのファレとが用意された。これは、アマンプリの成功を見て、同様なオペレーションを望む事業者がゼッカ氏をフレンチ・ポリネシアにある自身のリゾートに連れて行き、当初ゼッカ氏は断ったものの、海辺を歩いている際に閃きがあり、結局アマンのオペレーションになったという経緯がある。

3　バリ島での展開とアマン・リゾーツの方向性

そして早くも1989年には、インドネシア・バリ島のウブドに「アマンダリ（Amandari：穏やかな精神）」が開業している。30室の規模である。この開業に際しては、ゼッカ氏の「ビジネスマン」としての側面が垣間見られる逸話が伝えられている。そのヒントはアマンダリの設計者にクレジットされている、前出のピーター・ミュラー氏の存在である。当初はミュラー氏が主体となって計画され、土地を買い集められたのであるが、いつのまにかアマンとなっており、かつ、ミュラー氏はここを去ることになった。この辺りの経緯も、山口（2013）『アマン伝説』に詳細に語られている。

写真２－５　アマンダリのレセプション

写真２－６　アマンダリで踊りを練習する子供たち

図表２－３　アマンダリのマップ

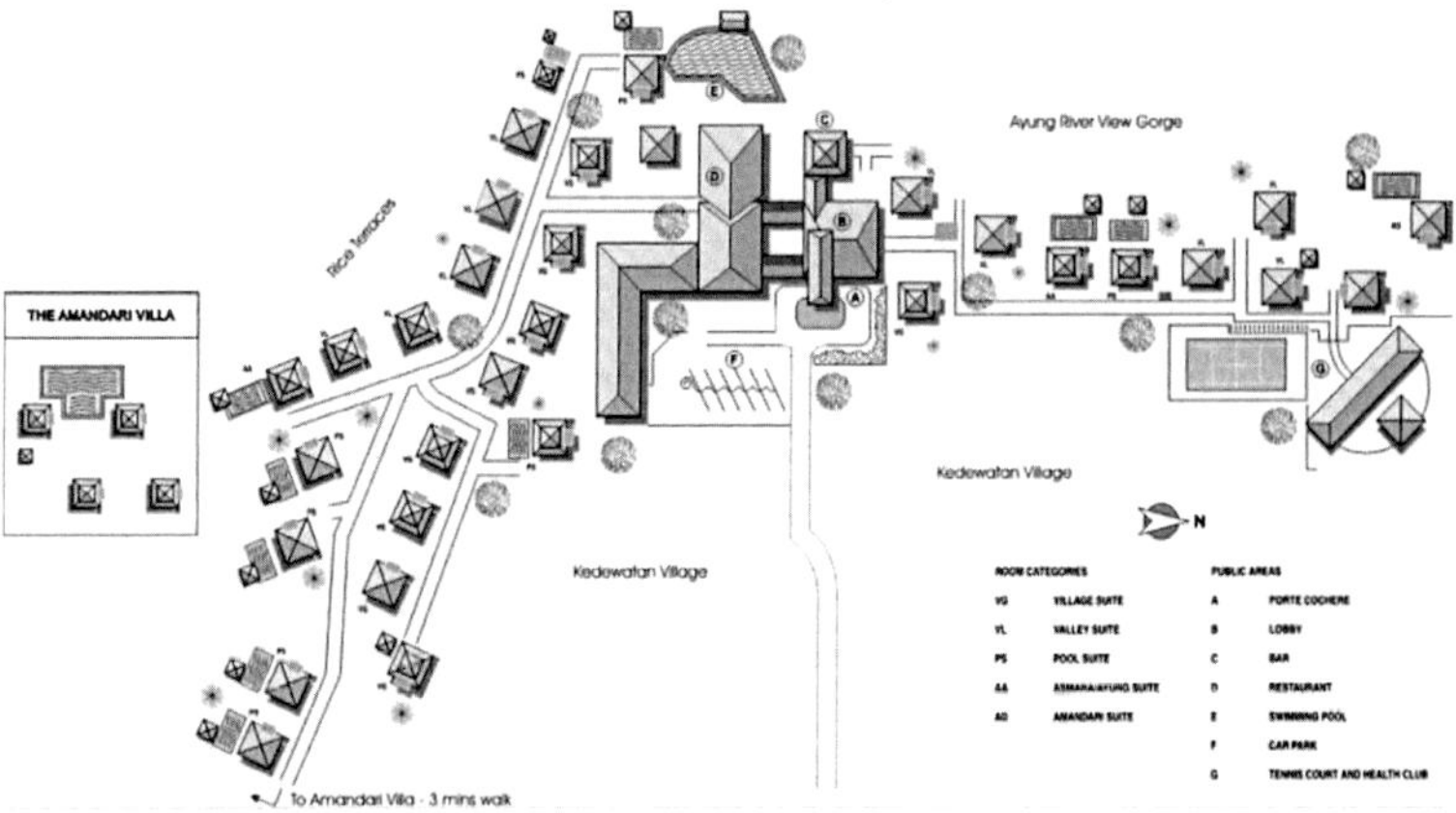

出所：同社提供の資料を著者が加工。

写真２―７　右のレストラン棟の向こうにプール

写真２―８　メインプール

写真２―９　スイートが立ち並ぶ様子

写真２―10　客室よりライステラスを望む

アマンダリでは、「サステナブル」のキーワードをさらに一歩進めている。地元の子供たちに場所を提供し、民族舞踊の師匠を招いて踊りを教えているのである。そして、ゲストが到着した際には子供たちが「歓迎の舞」として、その踊りを披露している。これは、現在では、インドネシアに展開する他施設でも同様の活動をすることにつながっている。

メインプールは谷に落ち込んでいくような造りとなっており、そのプールを前にレストランが位置している。谷沿いにはバリ島の建築様式を取

図表2－4　アマンダリの価格変化

	1993年	1995年	2000年	2003年		2006年	2008年	2013年
Terrace Suite			550	675	Village Suite	650	750～	950
Duplex Suite			650	775	Valley Suite	800		
Pool Terrace Suite			750	875	Pool Suite	1,000	1,150～	1,400
Pool Duplex Suite	300～700	330～770	850	1,000				
Asmara/Ayung Suite			950	1,500				
Amandari Suite (1 bedroom)			1,350	1,850				2,250～
Amandari Suite (2 bedroom)			1,900	2,500				
Amandari Villa (3 bedroom)				3,100				4,100

（注）Pool Terrace Suite以上はプライベート・プール付き，Duplexは2階建て／6月は休業。

り入れたスイート（アマンダリではヴィラのことをこう称する）が立ち並び、各ヴィラからはライステラスを眺めることができる。

開業当初から1990年代までは、最低金額のスイートは1泊5万円前後で泊まることができたようだが（図表2－4）、2010年代以降は10万円以上するようになったのがわかるだろう。

1992年には一挙に3施設が開業した。バリ島のマンギスに「アマンキラ（Amankila：平和な丘）」（35室）、同じくバリ島のヌサ・ドゥアに「アマヌサ（Amanusa：平和な島）」（35室／現在は近隣の「アマン・ヴィラズ・アット・ヌサ・ドゥア」に移行）、そして初めてのスキー・リゾートの「ル・メレザン（Le Mélézin）」（34室）である。アマンキラはエド・タートル氏とダニロ・カペリーニ（Danilo Capellini）氏、アマヌサはケリー・ヒル氏とカペリーニ氏、メレザンはエド・タートル氏が建築を担当している。

この中で、アマンキラもアマンダリと並び、アマン・リゾーツの方向性を決定付けたといわれている。そこで、少し詳しくアマンキラについては解説しておきたい。

アマンキラは、バリ島東部の、それまではほとんど観光の対象とされてこなかった場所にある。半島状の小高い丘を取り巻くように立地しており、海から見ると向かって左側にヴィラが並び、半島の右側にはビーチクラブがある。

アマンダリ同様、地域のコミュニティとの融和を意識し、ゲストが到着すると地元の子供たちがウェルカム・セレモニーをしてくれる。

図表2－5　アマンキラのマップ

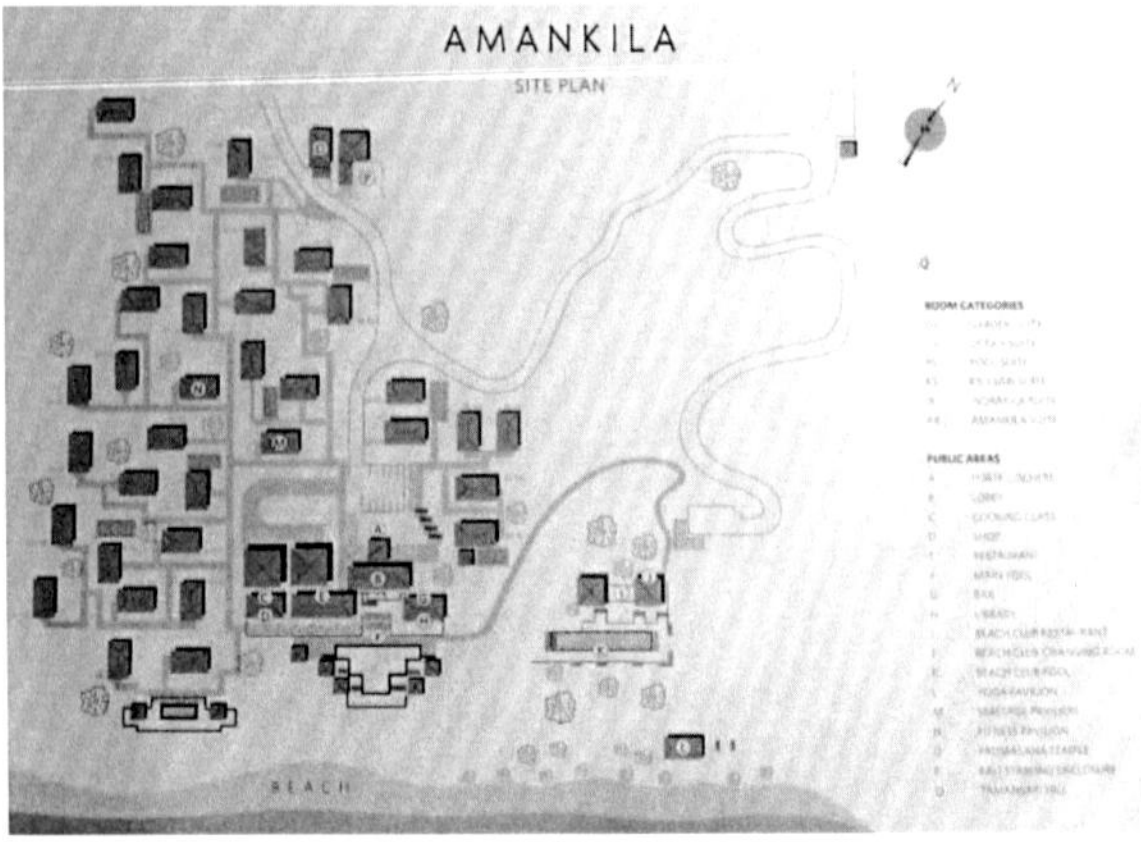

写真2－11　地元の子供たちによるウェルカム・セレモニー

写真２－12　アマンキラのメインプール

写真２－13　ヴィラへの通路

レセプションを抜けると海の景色が広がり、三段のプールが視野に入ってくる。バリ島の至るところにある「ライステラス」にモチーフをとったプールである。インフィニティ・エッジになっているため、そのまま海につながっていくようにも感じられる。

ヴィラは森の中に点在している。とはいえ、地表面からは高さがあるため、どのヴィラからも海を眺めることができる。室内は比較的シンプルであるが、デイベッドもかなりゆったりしたスペースが取られており、とにかくゆっくりと時間を過ごすことに重点が置かれていることが理解できよう。

写真２－14　ヴィラのプール

写真２－15　ヴィラ内部

写真２－16　レストラン

写真２－17　バーとカウンター上のフレッシュ・シーシャ

レセプション棟に戻ろう。レセプションからプールに下りる階段を挟むようにしてレストランとバーが配置されている。開放感あふれる作りとなっており、風を感じながら地元の食材、調理法による料理をいただくことができる。

あるいは、プールサイドや、「ティルタ・サリ・バレ」と名づけられた丘の上の東屋で食事を摂ることも可能である。このことは第４章で詳しく述べたい。

この丘の向こう側には、ビーチクラブがある。ここにも十分な大きさのプールがあり、レストランも付帯してい

写真２－19　ビーチクラブのプール

写真２－18　ビーチ

写真２－20　旧・アマヌサ

出所：マゼラン・リゾーツ＆トラスト提供。

る。ヴィラ側にはビーチがないため、このリゾートで海を絡めたアクティビティをしたい場合には、こちらが基本となる。

一方、ヌサ・ドゥアに立地するアマヌサは、独特のポジションを取っていたようである。アマンキラの三段プールのようなわかりやすいアイコンがあるわけではないが、ここが一番好きというゲストも多いようである。２０１８年に惜しまれつつパビリオンはクローズして「ヴィラ」のみに移行したが、いまだに語り継がれていることからもアマヌサの存在感がわかろうとい

図表２－６　アマンキラの価格変化

	1993年	1995年	2000年	2003年	2006年	2008年	2013年
Superior Suite (Garden Suite)	300		550	625	650		950
Deluxe Suite (Ocean Suite)	400		650	775	800	950~	1,150
Deluxe Ocean Suite			700	875			
(Deluxe) Pool Suite	500	330~ 1,200	750	1,000	1,000	1,150~	1,400
Kilasari Suite				1,250			
Indrakila Suite				1,500			
Amankila Suite 2 bedrooms	1,100		1,700	2,500			3,100

（注）Pool Suite以上はプライベート・プール付き。

うものだ。

ところで、バリ島では１９９３年時点において、日本の帝国ホテルが運営を受託して前年１９９２年10月に開業した「バリ・インペリアル・ホテル（Bali Imperial Hotel）」が最高級の施設であった。１２１室を擁する３階建てのメインビルディングの部屋が＄１４０から＄９００、全室にプライベート・ジャグジーかプールと東屋がついた17棟のコテージが＄４００から＄２，０００であった。これは、それまでレギャン周辺で最高級とされていた「ジ・オベロイ（The Oberoi）」の一般客室で＄１６０から＄２２５、Villaで＄２９５から＄８００という価格帯を凌駕し、さらに３軒のアマンいずれよりも高かったのである。

当時の価格は、ヌサ・ドゥアでは「グランド・ハイアット（Grand Hyatt Bali）」（１９９１年開業、７５０室）が＄１５０～＄２，０００、「シェラトン（Sheraton Lagoon Nusa Dua Beach）」（１９９１年

図表2－7　アマヌサの価格変化

<table>
<tr><th></th><th>1993年</th><th>1995年</th><th>2000年</th><th>2003年</th><th>2006年</th><th>2013年</th></tr>
<tr><td>Superior Suite (Garden Suite)</td><td>300</td><td rowspan="5">330~770</td><td>550</td><td>625</td><td>650</td><td>950</td></tr>
<tr><td>Deluxe Suite</td><td>400</td><td>650</td><td>775</td><td>800</td><td></td></tr>
<tr><td>Pool (Superior) Suite</td><td rowspan="2">500~600</td><td>750</td><td>875</td><td>1,000</td><td>1,400</td></tr>
<tr><td>(Pool) Deluxe Suite</td><td>850</td><td>1,000</td><td></td><td></td></tr>
<tr><td>Amanusa Suite</td><td>700</td><td>950</td><td>1,250</td><td></td><td>1,800</td></tr>
<tr><td>Villa</td><td colspan="5"></td><td>3,500</td></tr>
</table>

（注）Pool Superior Suite以上はプライベート・プール付き。

開業、276室：現在はLuxury Collection）が$165~$1,800、「バリ・ヒルトン（Bali Hilton International）」（1991年開業、537室）が$110~$1,750、そして歴史ある「ヌサ・ドゥア・ビーチ・ホテル（Nusa Duea Beach Hotel）」（1983年開業、450室）が$110~$1,200であり、こうしたリゾートが高級施設とされていた。サヌール周辺では「バリ・ハイアット（Bali Hyatt）」（1973年開業、387室：現在はHyatt Regency Bali）が$130~$600、そしてウブドでは「クプ・クプ・バロン（Kupu Kupu Barong）」（1987年開業、27室）が$265~$550といったところであった。

アマンキラもアマヌサも、市場の評価が高まるにしたがって、価格を上げていって、結果的に最高価格帯に達したことが理解できよう。

ウブドは当時から小規模な施設が中心であり、これは現在も変わっていない。それ以外の地区では、最近になってから超大規模な施設（例えば「ムリア・リゾート（The Mulia）」や「アヤナ・リゾート&スパ（Ayana Resort & Spa）」など）

が出現する一方、小規模な施設も増えるなど、多様化が進んでいる。

さて、このアマンダリとアマンキラの2施設で、アマン・リゾーツの基軸が形成されたといわれている。すなわち、以下のスタイルによるリゾートである。

地元の空気感を重視し、それをアレンジしてサービス提供プロセスを構築する。そのために、地元のスタッフや生活文化を大いに活用する。プールを雰囲気の醸成に活かし、食事をどこででも摂れることに象徴されるような、ありとあらゆるサービスを実現する。ＳＯＰ（Standard Operation Procedures：標準作業手順書）は存在せず、標準化された客室もデザインも存在しない。すべてが唯一無二である。他にもさまざまなポイントが確立されたが、この点は少しずつ本書内で触れていきたい。

図表２－８　ル・メレザンの価格変化

（単位：2000年はFF 1:14円，2003年は€1:137円，2013年は€1:157円）

	2000年	2003年	2013年
シャンブル・ジュニア	FF2,600	€520	€880
シャンブル・ヴァレー	FF3,100	€640	
シャンブル・スキービスタ	FF3,800	€800	
シャンブル・モンターニュ			€1,280
シャンブル・メレザン	FF4,500	€1,100	€1,980
スイート・スキービスタ		€1,500	
スイート・ラ・ヴァノーズ	FF7,500	€1,700	
スイート・ル・メレザン	FF8,500	€2,000	€4,000

（注）４月中旬から12月中旬は休業。

さて、その後のバリ島には、後述するアマンの関連会社や、アマン出身者によるリゾートも増えていった。この意味でも、バリ島におけるアマンの展開は、同島の観光に、ひいては世界のリゾートに大きな影響を及ぼしたといえるのではないだろうか。

１９９２年開業のもう1軒、ル・メレザンは、開

図表2－9　アマンプロの価格変化

	2000年	2003年	2006年	2013年
Treetop Casita	475	500~625	650	1,150~
Hillside Casita	525	550~750	775	
Beach Casita	525	575~800	825	1,450~
Deluxe Hillside Casita	750	675~900		
West Villa（個人所有・4 bedrooms）	2,000	1,850~2,425		2,350~
Nature Villa（個人所有・4 bedrooms）	2,000	2,250~2,950		

業時34室規模だったが、その後、一部の客室を改装し、31室規模になっている。

1993年には初の1島1リゾートとして、フィリピンのパマリカン島に「アマンプロ（Amanpulo：平和な島）」（42室・現在はヴィラも11室存在）が開業した。ここには、専用の飛行機でしかアクセスできず、そのため、島内には飛行場まで用意されている。モルディブなどの島リゾートでは、水上飛行機によるアクセスが基本であるが、こちらは通常の離着陸を実施しているわけである。この点からも、きわめて非日常性が高いといえる。

また、ここではヴィラのことを「カシータ（Casita）」と呼ぶ。「レストラン・カシータ」の創業者である高橋滋氏が魅せられ、自身の企業名にしたのは有名である。

隔絶された島ということもあり、環境対策には特に注力している。

同年、インドネシアのモヨ島にテント形式の「アマンワナ（Amanwana：平和な森）」（20テント）も開業している。アマン初のテント・リゾートである。

写真２−22　アマンプロのビーチクラブ

写真２−21　アマンプロのビーチ

出所：いずれもThe Platinum Life HP。

写真２−23　アマンワナ

出所：マゼラン・リゾーツ＆トラスト提供。

図表２−10　アマンワナの価格変化

	2000年		2003年	2006年	2013年
Jungle Tent (Single)	615		700	650	800～
Jungle Tent (Double)	675		775		
Ocean Tent (Single)	690	Ocean Front Tent (Single)	825	750	950～
Ocean Tent (Double)	750	Ocean Front Tent (Double)	900		

アマンの展開は、ここでひと段落つくことになる。とはいえ、最初の施設が1988年に開業してから、わずか5年間で8軒の施設展開を果たしている。このような「ホテルチェーン」はかつてなかったといえよう。特に最高級ランクの施設では皆無と思われる。バリ島をはじめ、ここまでに開業した施設群が、アマン・リゾーツの基盤となっている。アマンプリの開業から5年間でビジネスモデルを確立し、それを展開する手法を固めたといえるだろう。

写真2－24　アマンジェナ

出所：The Platinum Life HP。

次に新しい施設が開業するのは、1997年以降となる。とはいえ、この期間も実は、ゼッカ氏は新しい試みを進めていた。この点は後で詳述する。

1997年、インドネシアのボロブドゥール近傍に「アマンジオ（Amanjiwo：穏やかな魂）」（36室）が開業した。翌1998年には米国に初進出、ワイオミング州ジャクソン・ホールに「アマンガニ（Amangani：ガニは先住民語で「家」を意味、平和な家）」（40室）、1999年に今度はアフリカに初進出、モロッコのマラケシュに「アマンジェナ（Amanjena：ジェナはアラビア語で「楽園」、平和な楽園）」（40室）が開業した。いずれもエド・タートル氏が設計を担当している。

図表２－11　アマンジオの価格変化

	2000年	2003年	2006年	2013年
Suite (Garden Suite)	550	625	650	850
Deluxe Suite (Borobudur Suite)		775	800	
Pool Suite (Garden Pool Suite)	700	875	900	1,050~
Deluxe Pool Suite		1,000		
Amanjiwo Suite（Dalem Jiwo Suite）	1,850	2,600		3,000

（注）Pool Suite以上はプライベート・プール付き。

図表２－12　アマンガニの価格変化

	2000年		2003年	2013年
Suite	600		700	800~
Deluxe Suite（角部屋）	700		825	935~
Top Suite（2ベッド＋テラス）	800			
		Amangani Suite	950	1,250~
		Grand Teton Suite	1,100	
		Pateheya Home		7,500

図表２－13　アマンジェナの価格変化

（単位：€）

	2000年	2003年	2013年
Pavilions	600	850	800
Pavilions Bassin	750	950	1,400
Maisons	1,300	1,900	1,900
Maisons Jardin	1,600	2,400	2,550

（注）Maisons以上はプライベート・プール付き。

また、ゼッカ氏は２０００年に、昔の大農園アシエンダを改装してメキシコに「マハクア（Mahakua：偉大なるコミュニティ）」を開業したが、これには裏があり、この点も後で詳述する。

２０００年のForbes誌によるインタビューによれば、チェーン全体の客室数は４０６室で、ＡＤＲ（平均客室単価）は$５５０、飲食やその他のサービス利用も含め、一室あたりの収入は平均$７５０であったという。また、取材前年である１９９９年の稼働率は約50％だったというが、推定売上高は、合計５、０００万ドル、営業利益は合計で１、５００万ドルだったという。一部屋あたり年間約4万ドルの営業利益だったことになる。

それを支えていたのは、その頃のゲストに対するスタッフの比率が４～６対１であるといったサービスレベルの高さの他に、景色によって価格に差をつけるべく、客室のカテゴリーを細分化していったことなどが大きく寄与していると考えられる。

4　21世紀におけるアマン・リゾーツの成長

その後、ほんの少しだけ間があき、２００２年になってカンボジアのアンコールに「アマンサラ（Amansara）」（24室）、２００３年インドのランタンボール国立公園近くに「アマニカス（Aman-i-kas）」（10テント／例年6月～9月のモンスーン期は休業）が開業している。

写真２－25　アマニカス

出所：マゼラン・リゾーツ＆トラスト提供。

写真２－26　アマンサラ

出所：The Platinum Life HP。

アマンサラは、シアヌーク国王が1960年代初頭に建てた別荘であったが、クメール・ルージュによって破壊されてしまっていた。ゼッカ氏は1960年代初頭のこの建物の写真が掲載されているガイドブックを発見したが、そこにはジャクリーン・ケネディ・オナシスが写っていたという。1年にわたる修復を経て、アンコール・ワットの近くで蘇るに至った。

また、このアマンサラはケリー・ヒル氏が手がけた初めてのアマンであるが、彼はこのあと、アマン京都に至るまで、多くのアマンを設計した。エド・タートル氏やジャン・ミシェル・ギャシー（Jean-Michel Gathy）氏とともに、アマンのハード面を支えていくことになる。

写真２－27　アマンバーグ

出所：マゼラン・リゾーツ＆トラスト提供。

2004年に初の山岳リゾートとしてブータン唯一の国際空港が存在する古都であるパロに「アマンコラ・パロ（Amankora Paro）」（24室）が開業した。これは、ブータンにおける初めてのいわゆる「外資系」ホテルである。

2005年にはインドとスリランカに進出する。インドのラジャスタンには「アマンバーグ（Amanbagh）」（40室）が開業した。近隣に浮かぶ島国のスリランカでは、南部の世界遺産都市であるゴールにあった同国最古のホテルの1つ、「ニューオリエンタルホテル」が「アマンガラ（Amangalla）」（30室）として生まれ変わった。そして、そこから1時間ほどのところに「アマンウェラ（Amanwella）」（30室）も開業した。

アマンガラは、世界遺産都市という観光地としての側面もあるが、街の中でもある。そのため、いわゆる初の「シティ・リゾート」といえ

写真２－28　アマンガラ

写真２－29　アマンウェラの廊下

よう。歴史的建造物を見事にリノベーションしている。

アマンウェラはアマンガラから車で1時間ほどのところにある。スリランカの伝統的な建築様式を取り入れつつ、同国を代表する建築家であるジェフリー・バワの建築にも共通する要素が見受けられるリゾートである。特に、レセプションから続く廊下には、バワ建築の雰囲気が色濃く感じられる。

周辺には特に観光地もリゾートもない。しかし、アマンウェラの前には美しいビーチが広がっている。

写真2－30　アマンウェラ前のビーチ

写真2－31　アマンヤラ

出所：マゼラン・リゾーツ&トラスト提供。

同じ2005年、ブータンの第2弾として、もっとも標高の低い場所に「アマンコラ・プナカ（Amankora Punakha）」（8室）、第3弾として野生動物保護区内の「アマンコラ・ガンテ（Amankora Gangtey）」（8室）が開業している。

2006年に入ってからはブータンの第4弾として、首都ティンプー郊外に「アマンコラ・ティンプー（Amankora Thimphu）」（16室）、そしてカリブ海の英領タークス・カイコス諸島に「アマンヤラ（Amanyara）」（40室＋Villa20）が開業。2007年にはブータン最後の第5弾として、「アマンコラ・ブムタン（Bumthang）」（16室）が開業した。

2008年にはモンテネグロに「アマン・スベティステファン・ヴィラ・ミロチャー（Aman Sveti Stefan Villa Miločer）」（8室）、中国の首都・北京近郊の「頤和園」隣接地に、四合院造りの客室を用意した「アマン・サマーパレス北京（Aman at Summer Palace in Beijing）」（51室）、2009年にラオスの世界遺産・ルアン・パバーンに「ア

写真２－32　アマン・サマーパレス北京

写真２－33　アマンタカ

出所：いずれもThe Platinum Life HP。

写真２－34　アマンギリ

出所：マゼラン・リゾーツ＆トラスト提供。

マンタカ（Amantaka：平和なる仏陀の教え）」（24室）、米国2軒目としてユタ州に「アマンギリ（Amangiri）」（34室＋Villa１）が誕生した。アマンタカでは、地元の仏教や手工業とのかかわりを重視したアクティビティを展開している。さらに、最初の都市型ホテル、アマン・ニューデリー（Aman New Delhi）も同年に開業している（後述するが２０１３年には離脱し、「ザ・ロディ」になった）。

写真２－35　旧・アマン・ニューデリー

出所：The Platinum Life HP。

写真２－36　アマン・ベニス

出所：The Platinum Life HP。

２０１０年には中国の杭州から20分ほどのファユン村をまるごとアマンにした「アマンファユン（Amanfayun）」（47室）、２０１１年にヴィラ・ミロチャーの対岸の小島に「アマン・スベティステファン（Aman Sveti Stefan）」（50室／冬季はヴィラ・ミロチャーのみ営業）、トルコの古都ボドルムに「アマンルヤ（Amanrüya）」（36室／10月下旬から3月上旬は休業）、２０１２年にギリシャに開業した「アマンゾイ（Amanzoe）」（38室＋Villa 2／1月上旬から4月上旬は休業）、２０１３年にはベトナム初進出となる「アマノイ（Amanoi）」、イタリアのヴェニスに「アマン・カナルグランデ・ヴェニス（Aman Venice）」（24室）と、北半球が中心ではあるが、地域に関係なく世界中にアマン・リゾーツが広がっていった。ヴェニスは、16世紀に建てられた歴史的建築物にルーツを持つパラッツォ・パパドポリを改装したものであり、所有者であるアリヴァベーネ伯爵家と総支配人は、館内の非公開部分に住んでいるという。

２０１４年には、いよいよ日本初進出となる「アマン東京（Aman Tokyo）」が開業した。本格的な都市型ホテルとしては、インドを除けば初の施設となる。東京駅近くの大手町タワー最上階6層を占め、ロビーは大手町にありながら、6層吹き抜けの大空間が広がっている。

２０１５年の中国・麗江の「アマンダヤン（Amandayan）」とドミニカ共和国の「アマネラ（Amanera）」を挟み、２０１６年には日本の2軒目となる「アマネム（Amanemu）」が伊勢志摩に開業した。

アマネムは、もともとヤマハが開発した「合歓の郷」を三井不動産が買収し、「ネム・リゾート（Nemu Resort）」として経営してきた敷地に新しく開発された。

２０１７年に開業した上海近郊の「アマンヤン

写真２－37　アマン東京の吹き抜けロビー

写真２－38　アマンダヤン

出所：The Platinum Life HP。

写真２－39　アマネム

写真２－40　アマネムの客室からの眺め

写真２－41　アマン京都のエントランス

写真２－42　アマン京都の敷地内

ユン（Amanyangyun）」を再び挟んで、２０１９年には日本で3軒目となる「アマン京都（Aman Kyoto）」も開業するに至っている。東京ドーム6個分の敷地に、わずか26室しかない。

　アマン京都は、京都市街の北西、金閣近くに立地している。実はゼッカ氏の深い思い入れもあり、30年近く前から準備がなされていたという。ここはケリー・ヒル氏の遺作となってしまったが、彼を記念して、オールデイダイニングの前の庭は「ケリー・ヒル・ガーデン」と名づけられた。

写真２－43　アマン京都の客室「蛍」

写真２－44　アマン京都のマップ

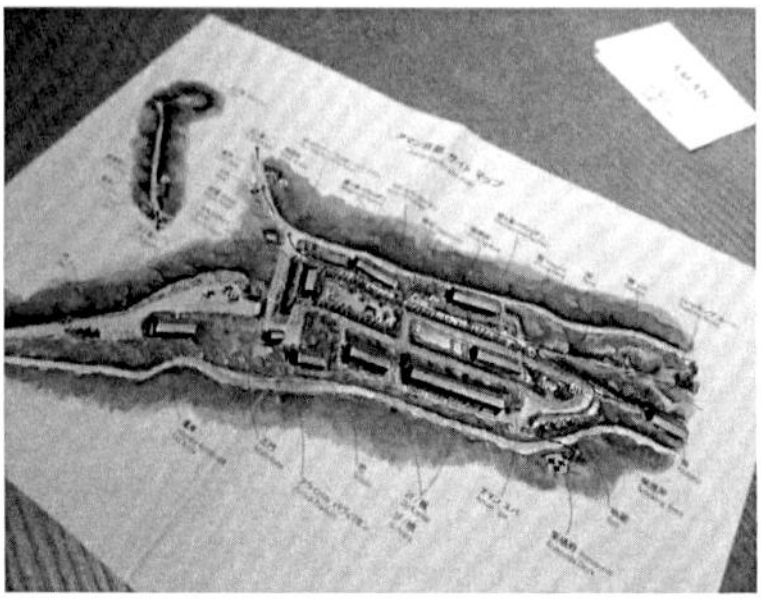

出所：２点とも The Platinum Life HP。

もともとの所有者は西陣織を扱っていた人で、西陣織の美術館を作るべく、日本中から石を集め、見事な庭を作り上げた。そのため、敷地内は素晴らしい石組みがあちこちに見られる。

興味深いのは、ほとんどのアマンは地域の特性などを示すキーワードを施設名に取り入れているが、なぜか日本のアマンはすべて地名もしくは周囲の施設名となっていることである。

5　関連するその他の事業

さて、ここでアマンを取り巻く別事業についても触れておきたい。１９９２年、ゼッカ氏はハンス・イェニ（Hans Jenni）氏らとともにＧＨＭ（General Hotel Management）社を創業した。アマンよりもやや規模を大きくすることで、若干の低価格帯をターゲットとしたものである。同社が手がけたのは、パンシー・ビーチに所在した「パンシー・ホテル

(Pansea Hotel)」を改装して、「ザ・チェディ・プーケット(The Chedi Phuket)」としたのが最初となる。

1993年にマレーシアのランカウイ島に「ザ・ダタイ(The Datai)」が開業した。ダタイは2007年に客室のリノベーションを実施したのち、2011年にマレーシア政府の投資部門「デスティネーション・リゾーツ&ホテルズ(Destination Resorts & Hotels)」が買収し、GHMは一株主となっている。

112室の客室は、デラックスがRM1、390、ヴィラがRM1、595、スーペリア・ヴィラがRM1、880、プール・ヴィラがRM2、085、プール・スイートがRM2、340、コーナー・スイートがRM2、230、エンド・スイートがRM2、430、ダタイ・スイートがRM6、175(2006年の例:当時RM1=約30円)であった。設計はケリー・ヒル氏が担当したが、ビーチサイドではなく、海抜40mの、ビーチから300mも離れた森の尾根にメインの建物を置くというアイディアは、当時の常識を覆すものであった。

実際の建築でも、重機は使わず、象を訓練して最小限の木を伐採しつつ建材として利用するなど、環境に配慮している。

1993年にゼッカ氏は、「アマンキラ」のオーナーであるフランキー・チャヒャディカルタ(Franky Tjahyadikarta)氏、シティバンク出身のマーク・エディルソン(Mark Edleson)氏らと、「ヌサ・パシフィック」というホテル開発会社と運営会社の「GHMインドネシア」社を設立した。GHMインドネシアは同国内のGHMを運営するための会社であり、ヌサ・

パシフィックが49%、GHMが51%を所有している。ヌサ・パシフィックが開業したホテルは、ジャワ島の「チェディ・バンドン（Chedi Bandung）」（現在は「パドマホテル・バンドン」）と「アマンジオ」、バリ島の「チェディ・ウブド（Chedi Ubud）」（現在は「アリラ・ウブド」）、「ザ・セライ・マンギス（The Serai Manggis）」（現在は「アリラ・マンギス」）、「ザ・レギャン（The Legian）」、タイの「チェディ・チェンマイ（Chedi Chiang Mai）」（現在は「アナンタラ・チェンマイ」）などである。

こうした施設はアマンとの共通項も多く、例えば、セライ・マンギスもケリー・ヒル氏が設計した。ただし、55室の客室のほとんどが28㎡であり、その分低価格になっている。また、1996年に開業したザ・レギャンは非常に評価の高いホテルであるが、やはり

図表2－14　ザ・レギャンの客室ラインナップと価格帯

	2006年	2008年
Studio Suite	350～	450～
1 Bedroom Superior Suite	420～	
1 Bedroom Deluxe Suite	500～	650～
2 Bedrooms Suite	620～	
Seminyak Suite	850～	
Legian Suite	1,000～	

写真2－45　ザ・レギャン

出所：マゼラン・リゾーツ＆トラスト提供。

やや低価格帯に位置している。

ただしその後、系列のヴィラ「ザ・クラブ・アット・ザ・レギャン（The Club at The Legian）」がオープンした。1棟の敷地は400㎡以上あり、10mのプールが付帯している。

ヌサ・パシフィックは、1995年に「マンダラスパ」をスタートさせた。しかし、エディルソン氏とチャヒャディカルタ氏らは、2001年に「アリラ・ホテルズ＆リゾーツ（Alila Hotels & Resorts）」を創業し、チェディ・ウブドとセライ・マンギスの運営を引き継いだ。これがそれぞれアリラ・ウブド、アリラ・マンギスと改名された理由である。

2004年に、「チェディクラブ・アット・タナ・ガジャ（The Chedi Club at Tanah Gajah）」がバリ島のウブドに開業した。1ベッドルーム・スイートが$280〜、1ベッドルーム・スパ・ヴィラが$600〜、2ベッドルーム・プール・ヴィラが$450〜、1ベッドルーム・エステートが$800〜であった（2006年時点）。5ヘクタールの敷地にわずか20室という贅沢さである。

図表2－15　ザ・クラブ・アット・ザ・レギャンの価格

	2006年	2008年
1 bedroom Villa	750〜	900〜
3 bedrooms Villa	1,500〜	2,000〜

さて、ここまでのGHMの展開をみると、ダタイやレギャンのように個別ブランドで展開するもの、「チェディ」ブランドで展開するもの、「セライ」ブランドで展開するものに分けられていたことがわかる。このうち、もっとも高級なものが個別ブランドとなっている。ま

た、チェディとは「瞑想の場所」を指しており、旅行者が旅の途中で美しい静かな環境において自身を見つめなおすといった意味が込められている。セライは東西交易路に存在した「キャラバンサライ」から取られており、相対的に低価格ながら贅沢な滞在を目指したものであったが、セライ・マンギスが開業したのみとなった。

2020年時点では、「チェディ」ブランドでモンテネグロの「チェディ・ルスティカ・ベイ（The Chedi Luštica Bay）」、スイスの「チェディ・アンデルマット（The Chedi Andermatt）」、オマーンの「チェディ・マスカット（The Chedi Muscat）」、アラブ首長国連邦のシャルジャ首長国に「チェディ・アル・ベイト（The Chedi Al Bait）」を展開している。また、インドのムンバイに「チェディ・ムンバイ（The Chedi Mumbai）」の計画が進んでおり、他にもモルディブ、台湾などでの計画がある。

6 その後のアマン・リゾーツ

伊勢のアマネムには、これまでのアマンではありえなかった、18ホールのゴルフコースが付帯している。この背景には、アマンジャンキーたちも高齢化が進み、従前とは異なる対応が必要になってきたことが挙げられる。

また、子や孫たちも考慮に入れる必要があり、これまではなかったキッズ・クラブが導入される動きもある。ファミリー向けのリゾートであるクラブメッドでの勤務経験もある役員が誕生したのも、それが影響を及ぼしている。

しかし、こうした変化の中でもアマンにとってなにより大きいのは、ゼッカ氏がアマンを去ってしまったことであろう。

1992年にアマン・リゾーツの持株会社であった「シルバーリンク（Silverlink Holdings Ltd.）」の株を、フランスでホテルを経営していた友人のクレメント・ヴァトゥーリ（Clement Vaturi）氏に売却し、ゼッカ氏は45％のみ保有することになった。ヴァトゥーリ氏は、フランスの「イモビエール（Immobiliere Hotelire）」チェーンを経営する一族である。

1996年時点では、アマンの63％は持株会社が所有しており、その10％をゼッカ氏は所有していた。また、残りの90％はヴァトゥーリ氏が所有していた。ヴァトゥーリ氏のアマン全体に対する影響力としては、63％×90％の56・7％ということになる。アマン全体の残り37％は、アニル・タダニ氏らが所有していた。

ヴァトゥーリ氏はフランスのクレディ・リヨネから多額の融資を受けていたが、この頃に財政が悪化し、返済を迫られるようになった。そこでヴァトゥーリ氏は米国ロサンゼルスに拠点を置く「コロニー・キャピタル（Colony Capital）」と契約し、1億2，000万ドルと引き換えに持株の20・4％分を差し出した。

こうした中で1998年後半にアジア金融危機が生じると、周辺にリゾートが位置していたアマンにもその影響は及ぶことになった。また、インドネシアのジャワ島に1997年に開業したアマンジオが、インドネシア国内での暴動による悪影響もあり、1997年、1998年ともに財政目標を下回ることになった。

1998年10月、コロニーはヴァトゥーリ氏に1億2,000万ドル+利息4,000万ドルの返済を要求したが、ヴァトゥーリ氏は現金を用意できず、コロニーはヴァトゥーリ氏の残りの持株についても担保権を行使した。結果、コロニーはアマン・リゾーツの約55%を支配するに至ったのである。ただし、ヴァトゥーリ氏も持株会社の所在地である英領ヴァージン諸島で訴訟を起こし、持分の売買を阻止しようとした。

一方で、取締役会の席は7つのうち3つがコロニーの手に落ち、コロニーは拒否権を持つことになった。コロニー側は、経営への関与を強めようとしてゼッカ氏と対立するようになる。具体的には、コロニーが所有するホテルチェーンの「フェアモント・ラッフルズ(Fairmont Raffles Hotels International)」のマネジメントをアマン・リゾーツが実施し、アマンのブランドに転換するよう主張し、これにゼッカ氏が反発したのである。結果的にゼッカ氏はアマンを去ることになった。1度目の離脱である。なお、これによりアマンのマネージャー20人(当時)のうち半数がアマンを去ることになった。

2000年にヴァトゥーリ氏とコロニーは係争を終結させ、ヴァトゥーリ氏は持ち株を香港の投資会社である「リー・ヒン・デベロップメント(Lee Hing Development)」に売却した。これによってゼッカ氏はアマンの経営に戻ることになったのである。なお、この間にゼッカ氏は「マーハ・リゾーツ(Maha Resorts)」を設立して、2000年10月、メキシコに

Hacienda de San Antoniaを開業させた。

そして2007年、シルバーリンクはインド最大の不動産会社であるDLFに4億ドルで買収された。これは、2億5千万ドルの株式価値と、1億5千万ドルの負債とによって構成されていたと推定される。当時のアマンはADR（平均客室単価）が$778にのぼっており、顧客の34％はヨーロッパ、34％がアジア・パシフィック、28％が米国、そして4％がその他のエリアからとなっている。バランスよく魅力的な顧客構成だったことが評価された。これにともない、ニューデリーのザ・ロディがアマン・ニューデリーとして運営されることにもなった。

ところが、リーマンショックや、関連して生じた世界金融危機によりDLFは大きな打撃を受けた。そのため、中核事業である不動産に集中する必要が生じた。当時DLFはアマンの97％を所有しており、企業価値は6億ドル程度と考えていたようである。

2014年2月にDLFの子会社であるDLFグローバル・ホスピタリティは、ウラディスラフ・ドローニン（Vladislav Doronin）氏と、イラン系米国人で投資家のオマール・アマナ（Omar Amanat）氏が率いる投資会社傘下の「ピーク・ホテルズ＆リゾーツ（Peak Hotels and Resorts）」にシルバーリンクの全株を売却した。当時、アマンの売上は日本円にして約200億で営業利益が約45億、一方で稼働率は30％程度であったという。

その頃のアマンには、LVMHグループや投資ファンドのカーライル、ブラックストーンなども触手を伸ばしていたとされる。

そして2014年5月、ゼッカ氏が会長を退任することが発表され、ヨハン・エリアシュ(Johan Eliasch)氏が会長に、ドローニン氏がCEOに就任することになった。これが2度目の離脱で、以後、ゼッカ氏は戻っていない。

2015年8月、「ポントウェリィ・ホールディング(Pontwelly Holding Company Ltd.)」は、シルバーリンクを貸付金と相殺する形で買収することになり、ドローニン氏とアラン・ジャノリィ(Alan Djanogly)氏の2人が経営の中核となった。2017年にはロンドンのラグジュアリー・ホテルであるドーチェスターのGMであり、同ホテルを含むチェーンであるドーチェスター・コレクションの英国地域代表であったローランド・ファセル(Roland Fasel)氏が合流し、COOとなった。なお、アマナ氏はアマンの経営に、直接的には関与していない。いずれにせよ、現在はドローニン氏がアマンのトップである。

以上の経緯を経て、現在の事実上の経営者となったドローニン氏は、1962年にロシアのレニングラード(現在はサンクトペテルブルグ)で生まれた。大学卒業後、ゴルバチョフが政権を取った1985年にソ連を去り、スイスでMBAを取得、ジュネーブで商品ブローカーとなった。著名な投資家であったマーク・リッチ(Marcell David Reich)氏のもとで仕事をしたという。1990年代初頭までは香港にいて、アマンを利用していたとの話も伝わる。自身を「アマンジャンキー」であるとも称し、特に、アマンジェナ、アマンヤラ、アマンギリ、アマニカスがお気に入りであるというインタビューもある。

彼は1990年代初頭に投資会社「キャピタル・グループ(Capital Group)」を設立した。

同社はやがて不動産投資に参入し、多くの住宅や商業施設の開発に関与してきた。多くの大規模開発にかかわったこともあり、ホスピタリティ産業への参入は当然の帰結でもあった。

また、彼はスーパーモデルのナオミ・キャンベルと浮名を流したことでも知られる。モスクワ郊外には、かの有名な建築家のザハ・ハディド（Zaha Hadid）氏が設計したダーチャ（別荘）を所有している。そこはまるで宇宙船のようであり、映画館、スパ、瞑想用の庭、8台分のガレージ、ナイトクラブが備わっている。

その後のアマンでは、2020年には「精神／魂」を意味する「ジャヌー（JANU）」という新ブランドの投入を発表し、モンテネグロとサウジアラビアのアルウラ、東京で開業する予定である。これも、冒頭で述べた施策と同様、これまでにはなかった方向性である。とはいえ、アマン自体でも、米国のニューヨークとメキシコ、サウジアラビア、北海道のニセコなどでの計画がある。

アマンは、ゼッカ氏の類まれなる発想が形になったものと考えられる。その「杭が出すぎて」いるために、多方面から触手が伸ばされてきて、結果的に事実上の個人事業から「普通の」ビジネスに転換されつつあるとみることもできよう。とはいえ、2011年6月、インターナショナル・ラグジュアリー・トラベル・マーケット（ILTM）アジアにおいて、ゼッカ氏は特別功労賞を受賞している。それだけの貢献があったことは間違いない。

アマンを去った後、ゼッカ氏は「アゼライ（Azerai）」をスタートさせた。ラオスの旧都ルアン・パバーンの、「プーシー・ホテル（Phousi Hotel）」であった場所に「ジ・アゼライ

（The Azerai）」（その後、アゼライを離れて「アヴァニ・ルアンパバーン」となった）を開業した。２０２０年時点でアゼライはベトナムに2軒、「アゼライ・ル・レジデンス・フエ（Azerai Le Residence Hue）」と「アゼライ・カントー（Azerai Can Tho）」が存在する。「アゼライ・ケガベイ（Azerai Ke Ga Bay）」も開業予定である。

そして、２０２1年、なんと、日本の尾道にゼッカ氏のプロデュースによる「アズミ・セトダ（Azumi Setoda）」がオープンした。ゼッカ氏の事業意欲は止まらないようだ。

第3章 「バンヤンツリー」の発展

1 創業者：ホー・クォン・ピン氏

バンヤンツリーの創業者であるホー・クォン・ピン（Ho Kwon Ping／何光平）氏は、1952年に香港で生まれた。父親は外交官、母親は上海生まれで米国留学経験があるという国際的な家だったので、タイをはじめとするさまざまな国で過ごすことになる。国際性豊かな環境という点は、アマンのエイドリアン・ゼッカ氏と共通している。

ホー氏の母方の祖父が創業した企業が「ウォー・チャン・コーポレーション（Wah Chang Group）」であり、後にホー氏はここの会長を務めている。ホー氏の祖父は中国で初めてタングステンの実用化に成功し、1916年に同社をニューヨークに設立した。これは、タングステンの鉱石を中国から輸入し精製することを目的としていた。その後、事業は拡大し、多様な工業製品などの輸出入を取り扱うようになった。なお、同社は1947年にタイにも進出した。

さて、ホー氏は台湾の東海大学、米国のスタンフォード大学、シンガポール国立大学などで学び、マスコミ関連の仕事をしていた。この、「マスコミ関連の仕事」という点もまた、アマンのゼッカ氏と共通している点である。1977年には、Far Eastern Economic Review誌の記事に関係して2ヶ月間拘束されたこともあるという。

釈放後、クレア・チャン（Claire Chiang／张齐鴒）氏と結婚して香港に転居し、その後に自身のリゾートに名前をつける由来となったバンヤンツリー湾での生活をスタートさせている。ところが、1981年に父親が脳卒中に倒れたことから、シンガポールに赴き、ウォー・チャン・コーポレーションの会長となった。そこからは、アグリビジネスやインフラ建設のビジネスなどを展開するようになった。

2 バンヤンツリー・プーケットの誕生とチェーンの成長

ホー氏は1983年から1984年にかけて、別荘地ビジネスを展開するために「ラグーナ・リゾーツ&ホテルズ（Laguna Resorts & Hotels）」を設立し、プーケット島のバンタオビーチ沿いに広がる550エーカーを超える土地を購入した。ここは、現在のラグーナ・プーケットの南に隣接している。その周囲には、青いラグーンが点在していたが、周辺はスズが採掘されていたスズ鉱山の跡地だったのである。そのため、実は汚染されている土地であった。

そこで、土壌と水を入れ替え、周辺に7千本以上の樹木を植えて、ラグーンを蘇らせるプロジェクトを実行することにした。そして、1987年にはこの土地の再生に成功し、「ラグーナ・プーケット（Laguna Phuket）」をオープンさせ、この地にリゾートホテルを誘致することとした。

1987年に①「デュシット・ラグーナ・リゾート（Dusit Laguna Resort）」（232室、THB4、100～THB9、000程度（当時のTHB1は約5円）、現在は「デュシタニ・ラグーナ・プーケット」となっている）、1991年に②「ラグーナ・プーケット・リゾート（Laguna Phuket Resort）」（253室、THB5、000～、「パシフィック・アイランド・クラブ・プーケット」を経て「アウトリガー・ラグーナ・プーケット・リゾート」になった）とラグーナ・プーケット・ゴルフクラブ、1992年に③「シェラトン・グランデ・ラグーナ・プーケット（Sheraton Laguna Phuket）」（2011年以降、アンサナとなった）、1993年に④「アラマンダ・ラグーナ・プーケット（Allamanda Laguna Phuket）」が開業した。当初はラグーナ・プーケット全体で5軒のホテルが計画されていたが、残った敷地はビーチに面していなかったこともあり、①から④までが売れた後、なかなか買い手がつかなかった。

そこで、自社開発のリゾートを開業することとし、妻のクレア・チャン氏と、兄弟で建築家のホー・クォン・チャン（Ho Kwon Cjan）氏とともに、1994年にバンヤンツリー・プーケットを開業するに至った。

ここで、同社の方向性を決定づける、2つのポイントが垣間見られる。1つは、汚染されていた土地をなんとかリゾートとして使えるように再生したことであり、それによってその後、環境を強く意識するリゾートとしての方向性が固まったことである。もう1つは、バンヤンツリーは海に面していない土地で展開せざるをえなかったため、プライベート・プールを設置したプライベート・ガーデン付のヴィラを基本とし、かつ、アジアのさまざまなスパのエッセンスを取り入れたトロピカル・ガーデン・スパを実現したことである。

そして、早くも1995年には、「バンヤンツリー・ヴァビンファル（Banyan Tree Vabbinfaru）」をモルディブに、「バンヤンツリー・ビンタン（Banyan Tree Bintan）」をシンガポールからほど近いインドネシアのビンタン島に開業している。

ヴァビンファルは、珊瑚礁に影響を及ぼさないよう、細心の注意を払って建設された。例えば、ヴィラの部品を輸送するために軽量の船を特注したり、水上ヴィラの設置を見送ったりしている。ビンタンでは、熱帯雨林を守るために、ヴィラを高床式として既存の景観を破壊しないようにした。なお、ビンタンは翌年以降、プーケットに続く大規模リゾートへの途をたどっていくことになる。

1996年、各リゾートの文化や伝統を継承していくことを目的として、クレア氏は、伝統工芸品などを販売するためのバンヤンツリー・ギャラリー（Banyan Tree Gallery）を立ち上げた。地域の職人が手作りで作成する工芸品を展示販売することでフェア・トレードの実現を目指している。

その後、クレア氏は1997年から2001年までシンガポールの国会議員も務めた。

2000年には、新しく「アンサナ（Angsana）」のブランドを立ち上げ、「アンサナ・ビンタン（Angsana Bintan）」と「アンサナ・グレート・バリア・リーフ（Angsana Great Barrier Leaf）」（現在は同社を離れている）がオープンしている。

2001年には環境保全に資するために、「グリーン・インペラティブ・ファンド（Green Imperative Fund）」を発足させるとともに、スパのセラピストのスキル向上を目指し、「バンヤンツリー・スパ・アカデミー（Banyan Tree Spa Academy）」も発足させた。また、同年にはモルディブの「アンサナ・イフル（Angsana Ihuru）」とインドの「アンサナ・バンガロール（Angsana Bangalore）」が開業している。

写真3－1　バンヤンツリー・バンコク

2002年、初の都市型立地の超高層ホテルとして、「バンヤンツリー・バンコク（Banyan Tree Bangkok）」が開業した。当初はウェスティンのブランドとして開業している。同地はもともと、セメントで固められたエリアであったという。都心部でありながら、緑あふれる環境を実現したこともポイントである。また、最上階の屋上に、バンコク初のルーフトップ・レストランとバーを設置したことで、大変な話題となっ

写真３－２　バンヤンツリー・セイシェル

出所：同社提供／Courtesy of Banyan Tree Hotels & Resorts Pte. Ltd.。

た。詳しくは第4章で説明する。

一方、同年にはリゾートでも初のアフリカ進出となる「バンヤンツリー・セイシェル（Banyan Tree Seychelles）」が開業している。環境負荷を最低限に抑えるために、湿地帯の管理計画を立案しての開発であった。

２００４年には、モルディブにおいて前年から準備をしてきた海洋研究所が発足し、同国初のリゾートに基盤を置く研究教育施設となった。

２００５年、初の中国進出となる雲南省の香格里拉近くの仁安に、「バンヤンツリー仁安（Banyan Tree Ringha：リンガー）」がオープンした。標高3、200mもの高地に位置しており、リゾート内各所には酸素ボンベが用意されている。周辺に古くから伝わる建築様式をなぞったことから、独立したヴィラ形式ではなく、2～3室が一棟にまとまった形式となっている。また、プールは同社の「看板」ともいえる存在だが、ここではメインプールも、さらには各ヴィラにもないなど、従前のプロパティとはやや異なる様相を見せている。しかし、地元の人々をスタッフとして多数雇用し、土地の生活スタイルもふんだんに取り入れたリゾートとなった。

基本的に、ロビーやレストランがあるメインの建物と、ヴィラの建物とは同じ建築様式、すなわち周辺の伝統様式で建てられている。建物正面の階段を上って2階から入るのが基本となっており、メインの建物は、2階にロビーとラウンジがある。1階には伝統料理を提供するレストランが位置している。シグナチャーとしては、チベット流をアレンジした鍋料理などがあり興味深い。

ベースとなる客室のチベタン・ファームハウス（Tibetan Farmhouse）を紹介しよう。外階段を2階に上がるとテラスがあり、そこにヴィラの入り口がある。入ると、リビング・スペースとその向こうにベッドスペースが広がっている。両者の間には下階への階段があり、下階にはバスルームがある。

写真3－3　仁安周辺の住居

写真3－4　バンヤンツリー仁安のレセプション

写真3－5　バンヤンツリー仁安のロビースペース

写真３－６　バンヤンツリー仁安のヴィラ

写真３－７　ヴィラの内部

写真３－８　メゾン・スワンナプーム

写真３－９　王女の部屋だったラオス・ルーム

　また、同じく２００５年には、ラオスの古都ルアンパバーンに、王子の邸宅を改装した「メゾン・スワンナプーム（Maison Souvannaphoum）」も開業した。こちらはまさに邸宅の趣を感じられる小規模な施設であり、エントランス機能とレストランもあるメインの建物と、ベーシックの客室が入るガーデンウィングからなっている。なお、ここはのちにアンサナブランドとなった。

　２００６年に、バンヤンツリー・ホールディングスはシンガポール証券取引所に上場した。また、レジデンスとタイムシェアの方式を取り入れた「バンヤンツリー・プライベート・コレクション（Banyan Tree Private Collection（BTPC））がスタートしている。さらに、中国2軒目となる施設が、雲南省の麗江に、「バンヤンツリー麗江（Banyan Tree Lijiang）」としてオープンした。ここは仁安（リンガー）ほどではないが標高が高いため、専用プールではなく専用ジャグジーが用意されている。標高2、000mの地に地元の伝統的な建築様式で作られたヴィラが立ち並び、同時に、地域のために孤児院の施設を整備した。

また、「アンサナ・ヴェラヴァル（Angsana Velavaru）」がモルディブ2軒目の施設とし

写真3－10　麗江から香格里拉への道のり

写真3－11　バンヤンツリー麗江のエントランス中庭

て開業したのもこの年である。

翌2007年、モルディブの3軒目となる「バンヤンツリー・マディヴァル（Banyan Tree Madivaru）」が開業した。こちらは、モルディブでは初となるプール付のテント・ヴィラとなった。テント予定地の木はすべて島内で移植したという。そして、アフリカ初となる「アンサナ・リヤド・コレクション・モロッコ（Angsana Riads Collection Morocco）」もこの年にスタートしている。なお「リヤド」とは、モロッコの伝統的な住居を改装し宿泊施設としたものである。

写真3－12　アンサナ・ヴェラヴァル

出所：同社提供／Courtesy of Banyan Tree Hotels & Resorts Pte. Ltd.

２００８年、「バンヤンツリー三亜（Banyan Tree Sanya）」が中国の海南島に開業した。また、主にベトナム、ラオス、カンボジアに投資するバンヤンツリー・インドシナ・ホスピタリティ・ファンドをスタートさせている。

２００９年、メキシコ初進出となる「バンヤンツリー・マヤコバ（Banyan Tree Mayakoba）」、バリ島に「バンヤンツリー・ウンガサン（Banyan Tree Ungasan）」、アラブ首長国連邦のドバイからほど近いラス・アル・ハイマに「バンヤンツリー・アル・ワディ（Banyan Tree Al Wadi）」（現在はリッツ・カールトンの運営）、そして中国の杭州にある西渓湿地公園の一角に「バンヤンツリー杭州（Banyan Tree Hangzhou）」がオープンした。

バリ島のウンガサンは、その後に展開される海辺の施設の基本が確立されたと考えられるため、ここで少し詳しく解説する。

　バリ島の最南端周辺は、2000年代以降、ラグジュアリーなリゾート施設が増加している。いずれも、切り立った崖の上の、なだらかなスペースに建てられていることが多い。バンヤンツリーも同様であるが、広大な敷地にゆったりとした施設配置をしており、複数のレストラン、メインプール、ブライダル施設などとともに、全室プライベート・プール付のヴィラが並んでいる。

　ベーシック・タイプとしてはプール・ヴィラ・シリーズとしてPool Villa Garden View／Pool Villa Sea View／Pool Villa Ocean View／Pool Villa Cliff Edge Ocean Viewの4種類があり、いずれも403㎡の占有面積がある。ヴィラの場所によって景色も異なるため、それが種類の相違、そして価格の高低につながっている。

　それより広いのが、サンクチュ

図表3－1　バンヤンツリー・ウンガサンのプール・ヴィラ・シリーズ

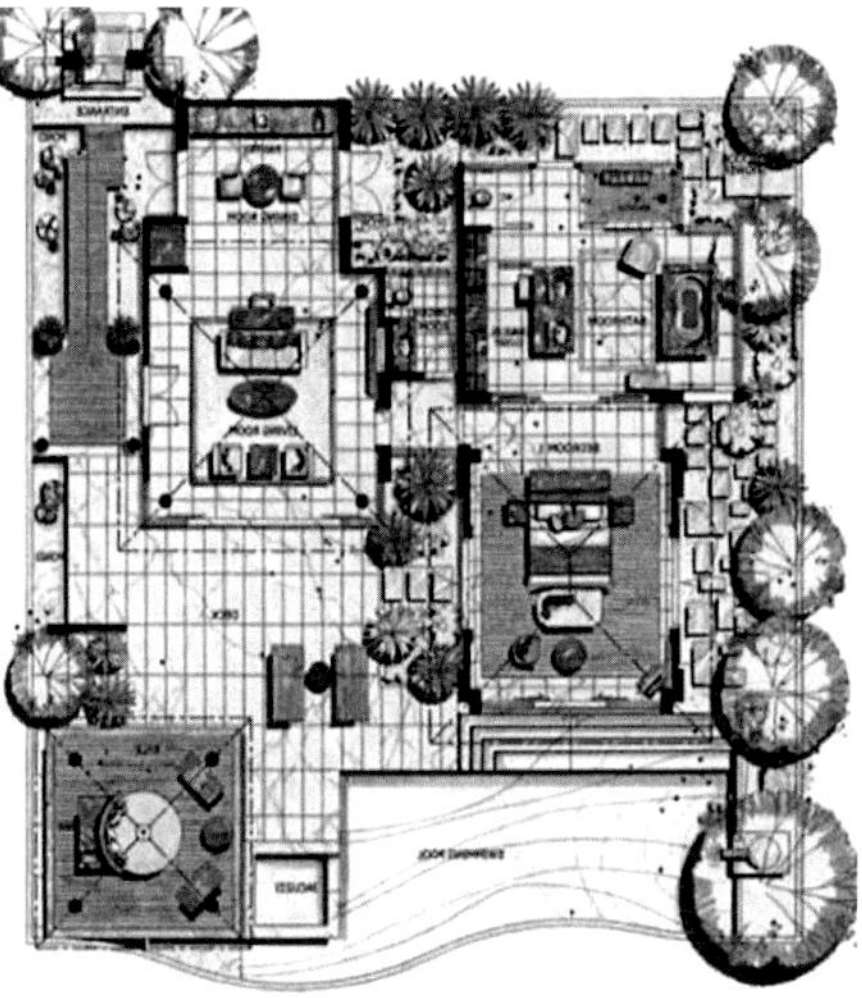

出所：以下，図表3－3まで同社提供／Courtesy of Banyan Tree Hotels & Resorts Pte. Ltd.

アリ・ヴィラ・シリーズ、すなわちSanctuary Villa Garden View／Sanctuary Villa Sea View／Sanctuary Villa Ocean View／Sanctuary Villa Cliff Edge Ocean Viewであり、565㎡の広さを持つ2ベッドルームのタイプとなる。もっとも広いプレジデンシャル・ヴィラ(Presidential Villa)は、1,200㎡、3ベッドルームのタイプとなる。

また、バンヤンツリー・アル・ワディは、砂漠の真ん中に位置するリゾートであった。見渡す限りの砂漠の中に、屋根がテントになっているヴィラが点在していた。当時はこのような立地の施設は珍しく、人気の施設であったが、現在はチェーンを離れている。

写真3－13　バンヤンツリー・ウンガサンのプール・ヴィラ

（注）図表3－1の左下にあるサラから撮影。

図表3－2　サンクチュアリ・ヴィラ

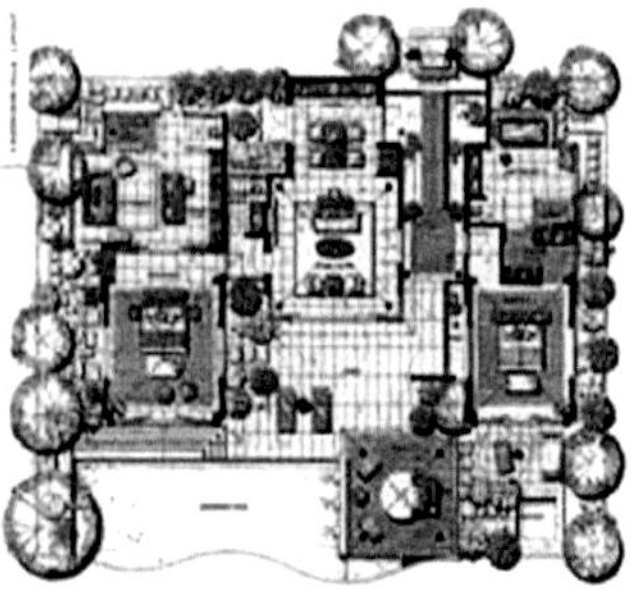

図表3－3　プレジデンシャル・ヴィラ

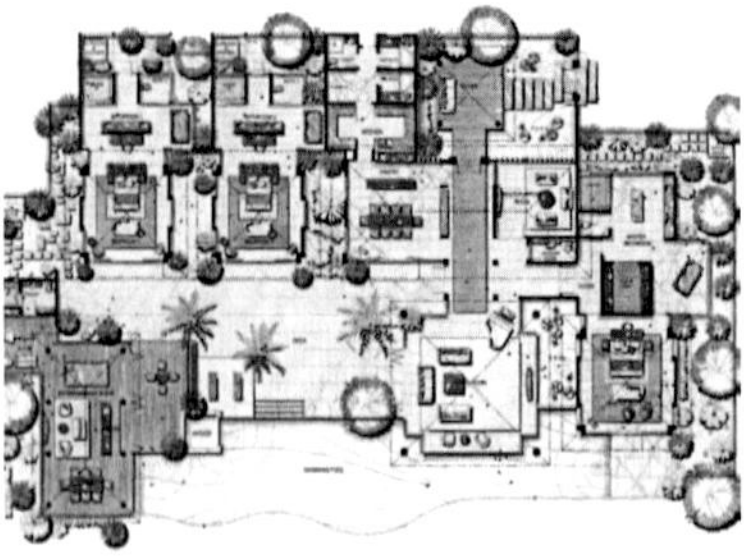

写真３－14　旧・バンヤンツリー・アル・ワディ

図表３－４　バンヤンツリー・サムイのマップ

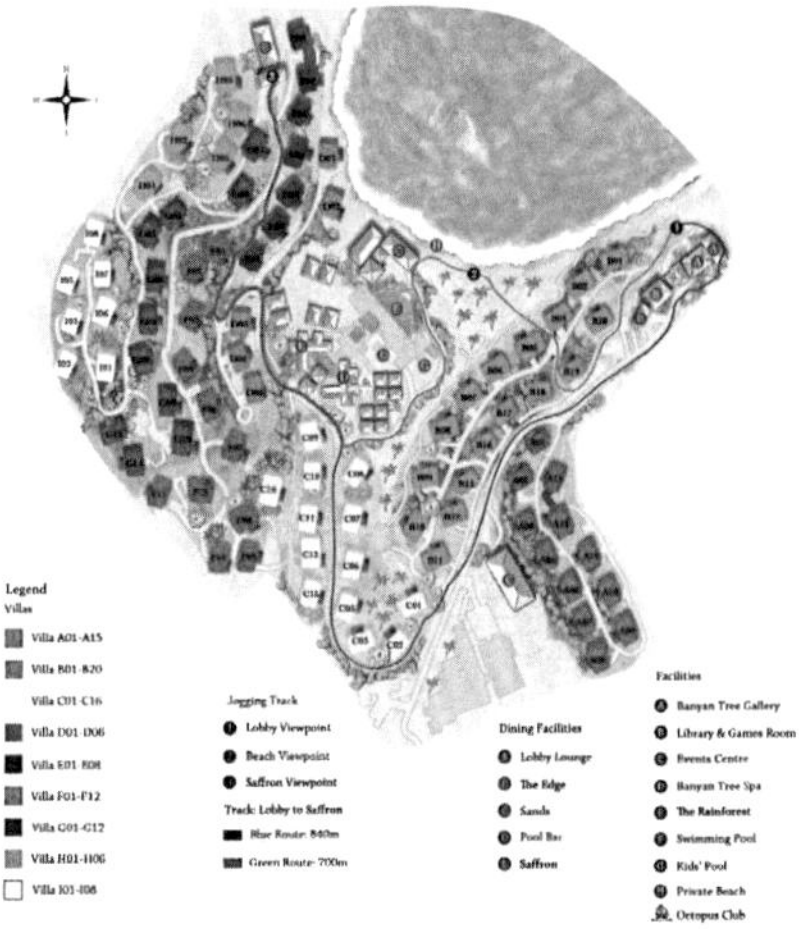

出所：以下，図表３－８まで同社提供／Courtesy of Banyan Tree Hotels & Resorts Pte. Ltd.

２０１０年にはメキシコの「バンヤンツリー・カボ・マルケス（Banyan Tree Cabo Marqués）」、韓国の「バンヤンツリー・クラブ＆スパ・ソウル（Banyan Tree Club & Spa Seoul）」、タイのサムイ島に「バンヤンツリー・サムイ（Banyan Tree Samui）」、中国の撫仙湖に「アンサナ・フーシァンレイク（Angsana Fuxian Lake）」が開業している。

サムイについては、ウンガサンとの共通項も多々見られるので、少し解説しておきたい。ここは、サムイ島の東部にある半島の半分を占め、小さな湾を囲む斜面に諸施設が点在している。

レストランは、小さな湾越しにヴィラを望むエッジ（The Edge）（朝食のブッフェ・レストラン）、ビーチに位置するサンズ（Sands）、ヴィラに囲まれるようにして建つシグナチャー・レストランのサフラン（Saffron）、そしてバーなどがある。

ヴィラは大きく4つのカテゴリーに分けられる。どのヴィラも、非常に高い柱の上に建てられているため、大変景色がよい。ベーシック・タイプとなるのがプール・ヴィラ・シリーズ、すなわちDeluxe Pool Villa／Partial Ocean View Pool Villa／Ocean View Pool Villa／Horizon Hillcrest Pool Villaであり、ベーシックとはいえ130㎡の占有面積、プールの広さも35㎡もある。違いは立地と景色である。

写真3－15　The Edge

写真3－16　Sands

写真3－17　Saffron

写真3－18

写真3－19

写真3－20

写真3－18～20：
ロイヤル・バンヤン・プール・ヴィラ

図表3－5　プール・ヴィラ・シリーズ

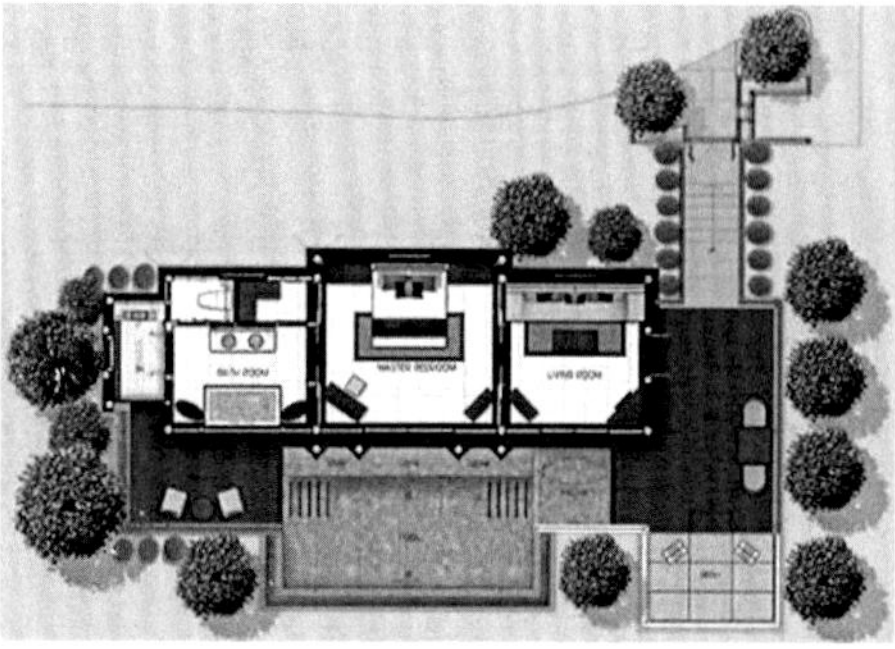

図表3－6　スパ・サンクチュアリ・プール・ヴィラまたはロイヤル・バンヤン・プール・ヴィラ

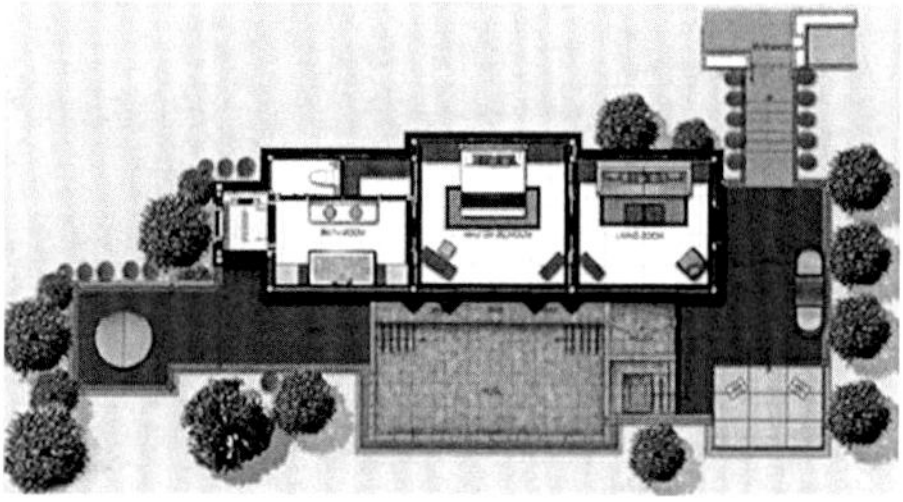

次のカテゴリーがスパ・サンクチュアリ（Spa Sanctuary Pool Villa）／ロイヤル・バンヤン（Royal Banyan Ocean Pool Villa）となる。155㎡の占有面積を誇り、プール・ヴィラ・タイプに、スパスペースまたはサラが付帯したパターンとなる。

図表３－７　ファミリー・デラックス／オーシャン・プール・ヴィラ

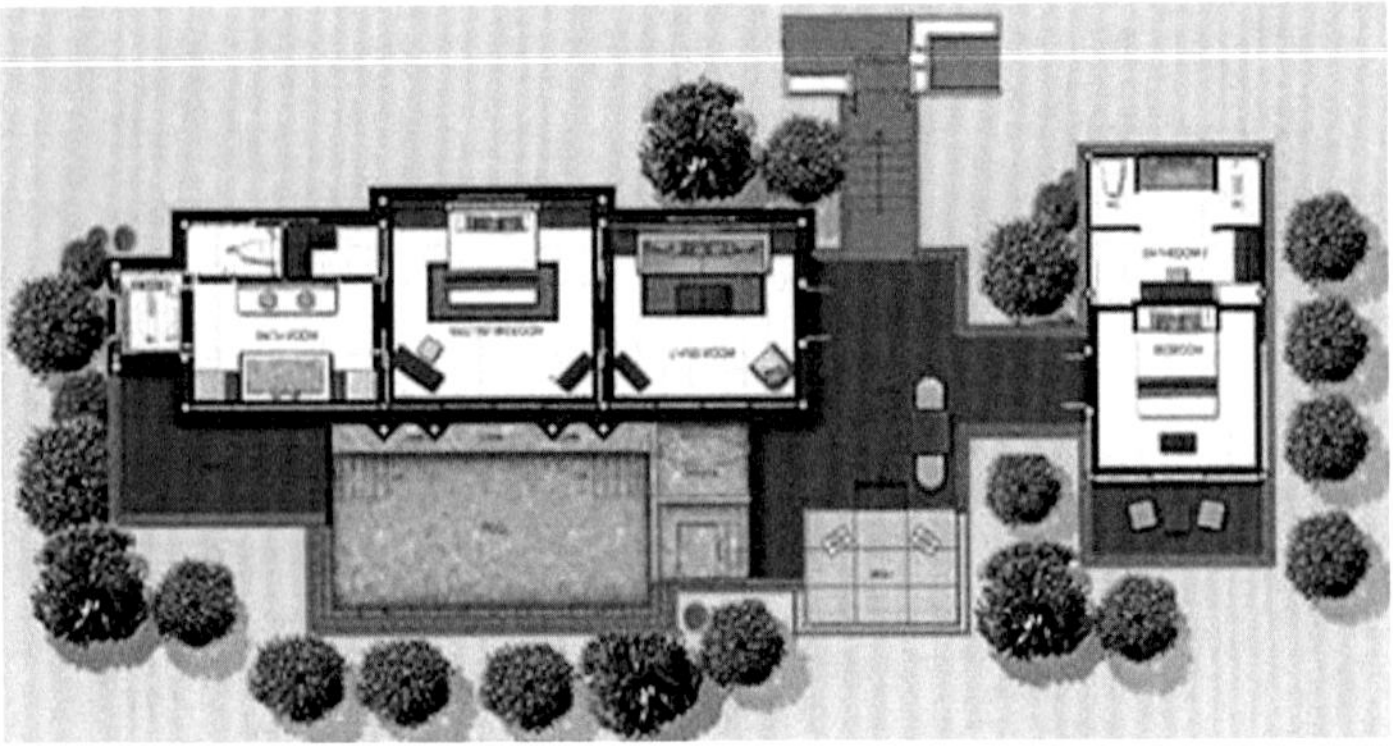

図表３－８　プレジデンシャル・プール・ヴィラ

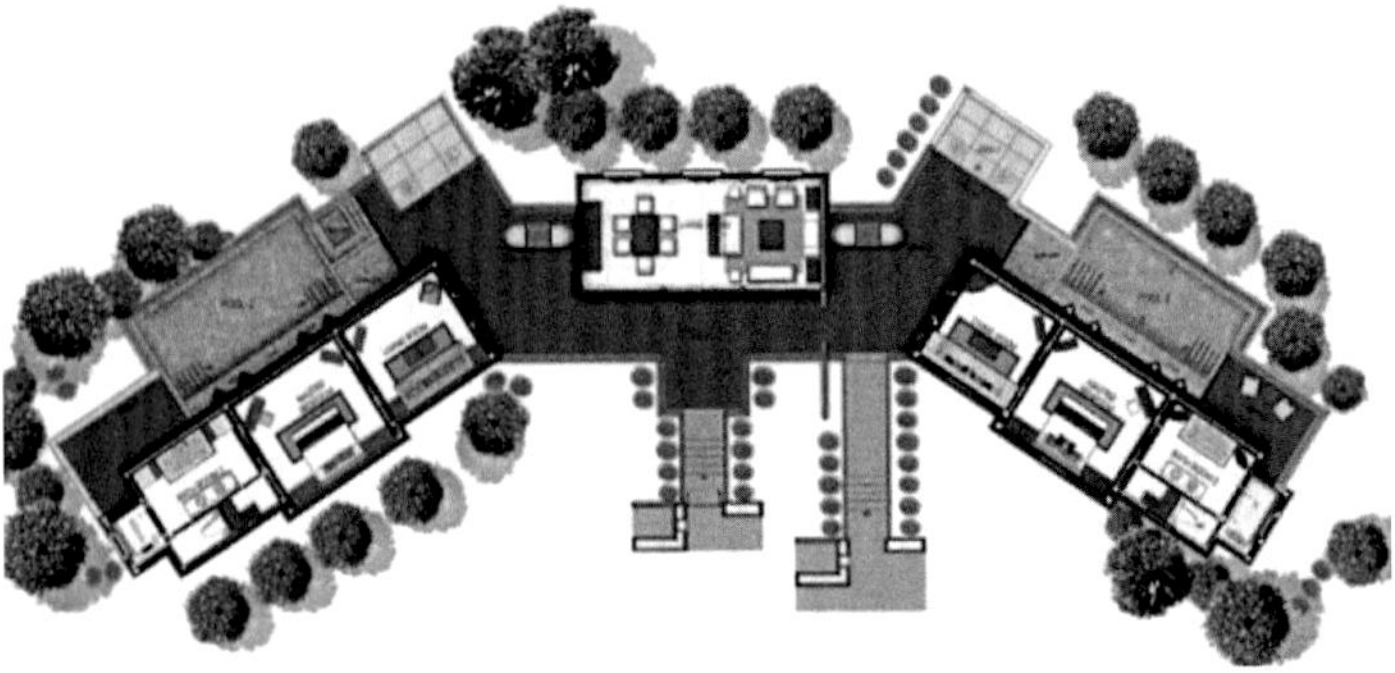

さらにこの上がファミリー・ヴィラ(Family Deluxe Pool Villa／Family Ocean Pool Villa)で、169㎡あり、ベッドルームとバスルームが２組あるタイプとなる。

最上級の客室はプレジデンシャル(Presidential Pool Villa)で、316㎡あり、ヴィラが２組つながったような施設構成となっている。プールも２組ある。

この頃に、バンヤンツリーにおける、特に海辺のリゾートにおける客室スタイルとサービス・ラインナップは、いったんほぼ確立されたとみていいだろう。

3 多様な施設の展開

バンヤンツリーは２０１０年代に入ると一転、従前のスタイル以外にも、カジノを含むＩＲ併設型や、都市型施設の急展開などを進めていった。また、ブランドをバンヤンツリーとアンサナ以外にも増やすなど、興味深い進路を取っていく。

２０１１年、本拠地シンガポールにはじめて「バンヤンツリー・スパ・マリーナベイサンズ（Banyan Tree Spa Marina Bay Sands）」（あくまでスパのみ）がオープンしたほか、「シェラトン・グランデ・ラグーナ・プーケット」が「アンサナ・ラグーナ・プーケット（Angsana Laguna Phuket）」として直営となった。また、中国では初のＩＲ（統合型リゾート）内の施設として「バンヤンツリー・マカオ（Banyan Tree Macau）」が、さらに先だってバンヤンツリーが開業していた杭州に「アンサナ杭州（Angsana Hangzhou）」、モーリシャスに「アンサナ・バラクラヴァ（Angsana Balaclava）」が開業した。一方で、「ラグーナ・ビーチ・リゾート」は売却されている。

マカオは、「ギャラクシー・エンターテインメント（Galaxy Entertainment）」が手がける大規模ＩＲ施設内で、「ホテルオークラ・マカオ」と同じ建物内に開業した。施設内には他

写真３－21　ギャラクシー・マカオ

（注）右手前の建物の半分がバンヤンツリー。

に、ギャラクシーが直接手がける「ギャラクシー・マカオ」、「Ｊ・Ｗ・マリオット・マカオ」などがある。

バンヤンツリーで特筆すべきは、ビル内であるにもかかわらず客室内に小さいながらもプールを設置したほか、別の場所にヴィラも用意したことである。

客室タイプは、100㎡のコタイ・プール・スイートCotai Pool Suite（King / Twin）がベーシック・タイプとなる。バスルームのバスタブとは別に窓際にプールを設け、新しいホテルでの過ごし方を提案した。これはこの後の都市型ホテル展開の際にも用いられる手法となる。

図表３－９　コタイ・プール・スイート

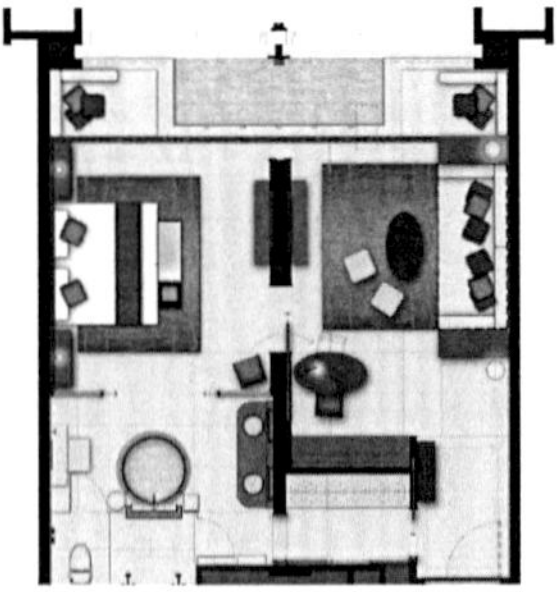

写真３－22　コタイ・プール・スイート

出所：いずれも同社提供／Courtesy of Banyan Tree Hotels & Resorts Pte. Ltd.

図表３－10　バンヤン・プール・スイート

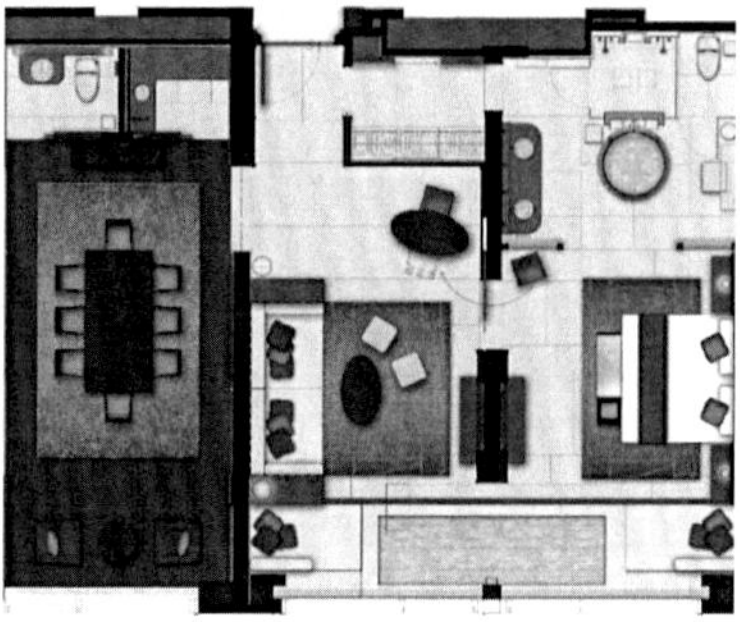

図表３－11　スパ・サンクチュアリ・スイート

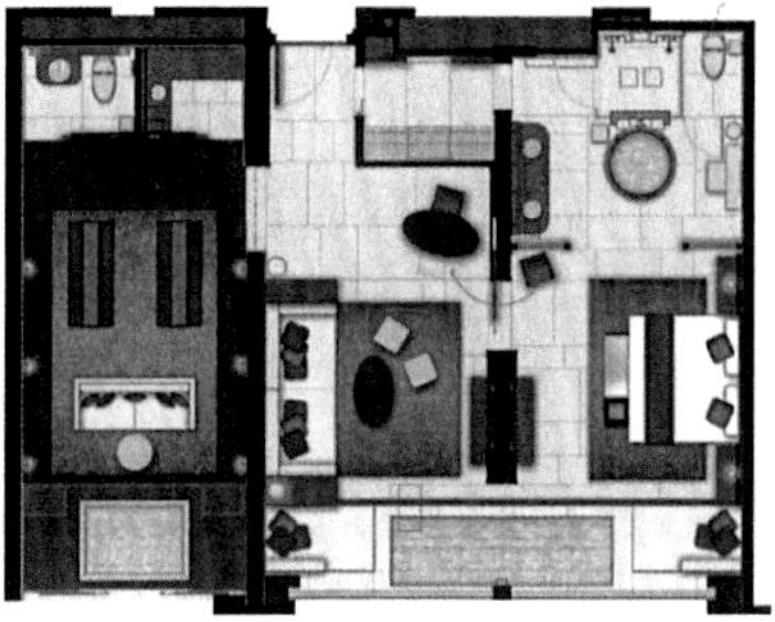

出所：図表３－14まで同社提供／Courtesy of Banyan Tree Hotels & Resorts Pte. Ltd.

この上が１３０㎡のバンヤン・プール・スイート（Banyan Pool Suite）／スパ・サンクチュアリ（Spa Sanctuary Suite）で、同じ広さで１ベッドルーム・タイプと２ベッドルーム・タイプ、そしてスパルームを備えているタイプがある。

図表３－12　シグナチャー・プール・スイート

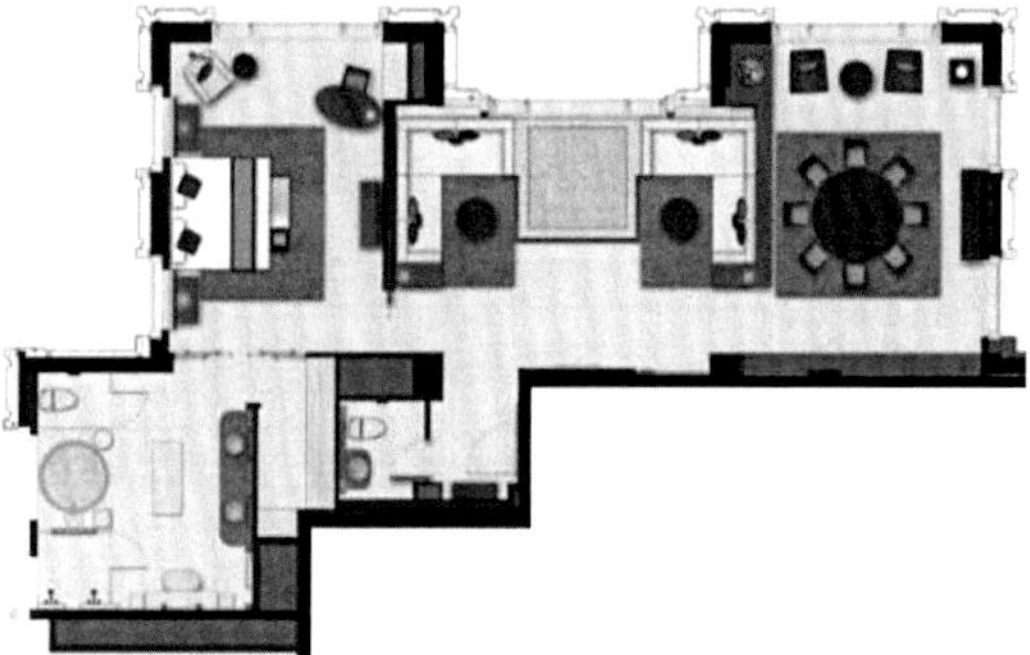

さらにこの上には１６０㎡のシグナチャー・プール・スイート（Signature Pool Suite）がある。ここは建物の一番端にあり、三方に景色が広がっている。プールもやや広めである。

写真３－23　シグナチャー・プール・スイートのベッドルーム

さらに、ビルとは別の場所に４５０㎡のバンヤン・プール・ヴィラ（Banyan Pool Villa）と９５０㎡のバンヤン・リザーブ・プール・ヴィラ（Banyan Reserve Pool Villa）とが存在する。

図表３－13　バンヤン・プール・ヴィラ

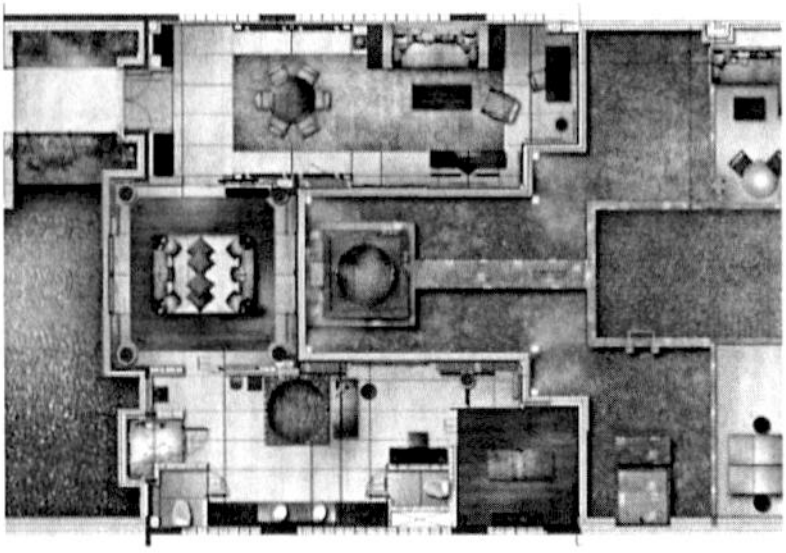

図表３－14　バンヤン・リザーブ・プール・ヴィラ

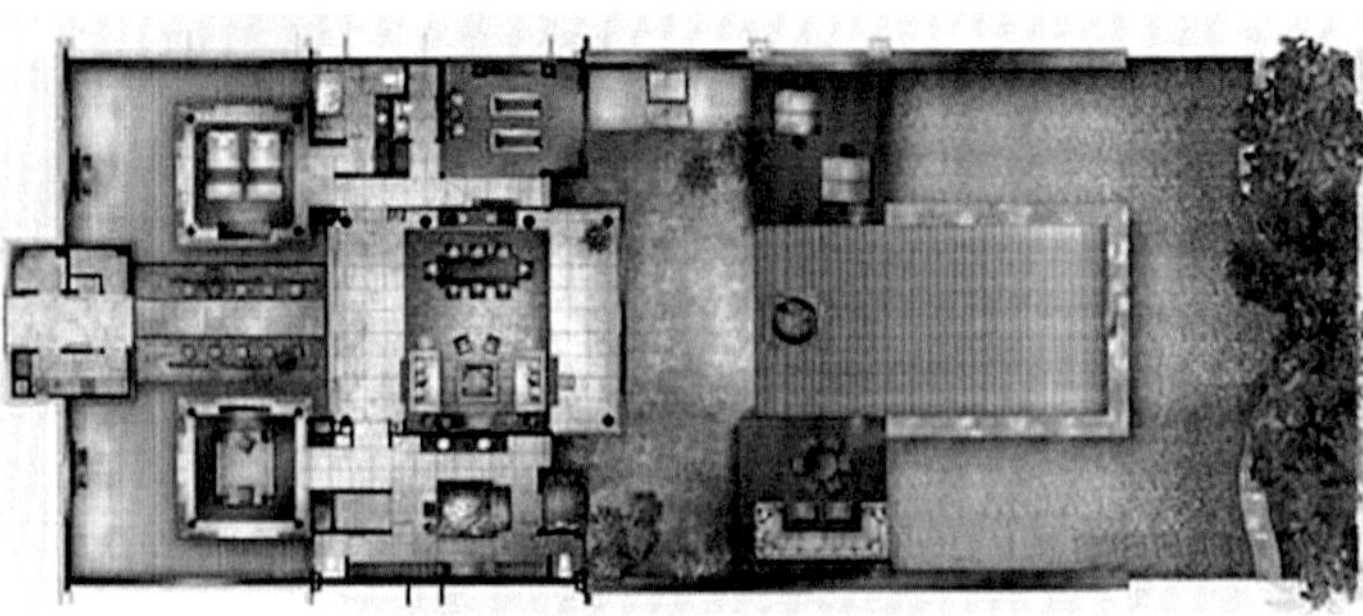

写真３－24　バンヤンツリー上海オン・ザ・バンドの客室内プール

写真３－25　バンヤンツリー天津リバーサイド（窓の外に天津アイが見える）

そして、2層にわたって888㎡の広さがある2ベッドルームのプレジデンシャル・スイート(Presidential Suite)も用意されている。

2012年になると、中国に「バンヤンツリー上海オン・ザ・バンド(Banyan Tree Shanghai on the Bund)」、ベトナムの中部に「バンヤンツリー・ランコー」と「アンサナ・ランコー」が開業した。

翌2013年には、ラグーナ・ランコーが本格的に始動し、ゴルフ・クラブがオープンしている。また、この年には「バンヤンツリー天津リバーサイド(Banyan Tree Tianjin River Side)」、温泉で有名な重慶には温泉リゾートの「バンヤンツリー重慶北碚(Banyan Tree Chongqing Beibei)」、そして雲南省に「アンサナ・テンチョン・ホット・スプリング・ビレッジ(Angsana Tengchong)」が開業した。一方でモルディブのアンサナ・ヴェラヴァルを売却し、10年間のリースに変更している。

2014年、3番目のブランドとして「カッシーア(Cassia)」がスタートし、翌年から展開されている。また、中国の広西チワン族自治区にある桂林市に「バンヤンツリー陽朔（Banyan Tree Yangshuo）」が、陝西省西安近郊のLishina Mountainの麓、兵馬俑の近くに「アンサナ西安臨潼（Angsana Xi'an Lintong）」が開業している。

２０１５年には、本拠地プーケットに「カッシーア・プーケット（Cassia Phuket）」、中国の黄山市近郊に「バンヤンツリー黄山（Banyan Tree Huangshan）」が開業した。一方、4番目のブランド「ダーワ（Dhawa）」がスタート。こちらも翌年から展開される。

余談ながら、Angasana、Banyan Tree、Cassia、Dhawaの頭文字は、ＡＢＣＤと並んでいる。もし次のブランドを開発するとしたら、Ｅではじまるネーミングになるかもしれない。

２０１６年、アコー・ホテルズと提携した。そしてキューバに「ダーワ・カヨ・サンタ・マリア（Dhawa Cayo Santa Maria）」、モロッコのジブラルタル海峡近くに「バンヤンツリー・タムダ・ベイ（Banyan Tree Tamouda Bay）」が開業した。青色の街で有名なシャウエンからも比較的近いところにある。

２０１８年には中国の浙江省湖州市安吉に「バンヤンツリー安吉（Banyan Tree Anji）」、マレーシアのクアラルンプールに「バンヤンツリー・クアラルンプール（Banyan Tree Kuala Lumpur）」、また隣接地に少し遅れて「パヴィリオン・ホテル・バイ・バンヤンツリー（Pavilion Hotel Managed by Banyan Tree）」、中国の「アンサナ・フェニックスベイ珠海（Angsana Phoenix Bay Zhuhai）」、キューバに「アンサナ・カヨ・サンタマリア（Angsana Cayo Santa Maria）」、中国・河北省承徳に「ダーワ・ジンシャンリン（Dhawa Jinshanling）」

が開業した。

2020年より、ミャンマーでHtoo Group of Companies（U Tay Za, Tycoon of Myanmar）との合弁事業がスタートしている。

4 都市型ホテルの新しいスタイル

バンヤンツリーがアマンよりもいち早く乗り出したのが、都市部への展開であった。その背景には、必ずしも「リゾートを開発する」ということが企業のミッションではなく、あくまで「不動産開発」が基本という前提がうかがえる。

前述したように、バンヤンツリー・バンコクで都心部に超高層ビルでの展開を2002年に実現し、さらにその際、最上階に開放的なルーフトップ・レストランやルーフトップ・バーを設けた。

その後、都市型の施設としては、マカオ、上海、天津といった大都市にも続々と進出していったこともここまで論じたとおりである。

この都市型の集大成といえるのが、2018年に開業したバンヤンツリー・クアラルンプールである。マレーシア

写真3－26　バンヤンツリー・バンコクのルーフトップ「ムーン・バー」

写真3－27　バンヤンツリー・クアラルンプール

写真3－28　スカイ・プール

写真3－29　ルーフトップ・バー「ヴァーティゴ」

一の大都市、クアラルンプールの中心部にある繁華街のブキッ・ビンタンや、街のアイコンともいえるペトロナス・ツインタワーの近くに位置し、高級ブランドが多く入居するショッピング・モールの「パヴィリオン（Pavilion）」隣接地で、同社が経営してバンヤンツリーがマネジメントを受託する形である。

超高層ビルの上層階のみがホテルとなっており、下層階にはレジデンスが入っている。立地を踏まえ、多くのタイプにツインベッド・ルームの設定もある。1階にエントランスはあるが、レセプション機能は53階にある。

その関係で、料飲施設の多くとスカイ・プールも同じフロアにある。そして、バンコクに続いてルーフトップも活用された。バーのヴァーティゴ（Vertigo）がそれである。

写真３－30　サンクチュアリ・スイートのリビング（ペトロナス・ツインタワーが見える）

写真３－31　サンクチュアリ・スイートの広々としたクローゼット（二方向から入れる）

写真３－32　サンクチュアリ・スイートのベッドルームとプール

客室は、バンヤン・リトリート（Banyan Retreat）がベーシック・タイプで、51～63㎡の広さがある。シグナチャー・バンヤン・リトリート（Signature Banyan Retreat）は63～67㎡、シグナチャー・スカイ・リトリート（Signature Sky Retreat）は54～67㎡と幅がある。

ここからはスイートとなる。スカイ・スイート（Sky Suite）は62㎡で、サンクチュアリ・スイート（Sanctuary Suite）は90㎡、スカイ・サンクチュアリ・スイート（Sky Sanctuary Suite）は116㎡、バンヤンツリー・スイート（Banyan Tree Suite）は313㎡である。他のバンヤンツリーに比べればやや狭く感じられるかもしれないが、周辺のホテルと比べれば、もっとも広い客室を用意してい

写真３－33　サンクチュアリ・スイートのバスルーム

写真３－34　パヴィリオン・ホテルのロビー

る。スイートタイプのほとんどはペトロナス・ツイン・タワーを望める。

　隣の高級ショッピング・モール「パヴィリオン」には、「パヴィリオン・ホテル・バイ・バンヤンツリー（Pavilion Hotel by Banyan Tree）」も開業した。こちらには、もっとも小さい32㎡のシティ・オアシス（City Oasis）から、吹き抜け的な空間を持つ113㎡のパヴィリオン・スイート（Pavilion Suite）、もっとも広い319㎡のプレジデンシャル・スイート（Presidential Suite）まで300室以上の客室が揃えられている。他のコンプレックスでいうところの、アンサナのポジションに近いかもしれない。

写真３－35　パヴィリオン・スイート

5　ラグーナ・ランコーにみる大規模リゾートへの志向

第1章で「ラグーナ・プーケット」について詳述したが、バンヤンツリーの大きな特徴の1つとして、アマン同様に地域の特性を重視したリゾートを展開するのみならず、大規模な一大リゾート地の開発も手がけている点が挙げられる。プーケットでは、他企業のホテルを導入するところからはじまったため自社ブランドのみで展開をしているわけではないが、1995年からスタートしたビンタン、そして2013年からスタートしたランコーでは、自社ブランドの施設を軸としたリゾートが展開されている。

写真3－36　ラグーナ・ランコーの入口

ベトナム中部の都市・ダナンから車で1時間ほどのところ、古都フエの手前にある、3㎞続く美しいカン・ドゥン・ビーチ（Bãi biển Cảnh Dương）を前にした広大な敷地に、2013年2月、「ラグーナ・ランコー（Laguna Lăng Cô）」がオープンした。ここは、バンヤンツリーが自社のためにゼロから開発した土地であり、バンヤンツリー、アンサナの各施設のほか、ゴルフ場も併設し、バンヤンツリーには将来的にはカジノ施設の展開も視野に入れているという。

ダナン側から向かっていくと、小さな尾根の切通しに、ラグーナ・ランコーの入口が視界に入ってくる。

図表３－15　ラグーナ・ランコーのマップ

出所：同社提供／Courtesy of Banyan Tree Hotels & Resorts Pte. Ltd.

写真３－37　アンサナのエントランス

写真３－38　アンサナのロビー

写真３－39　アンサナのフロント

写真３－40　アンサナのロビー前

リゾートに入っていくと、一番手前に「ラグーナ・ゴルフ・クラブ」があり、その次に「アンサナ・ランコー（Angsana Lăng Cô）」が見えてくる。そして、もっとも奥側の平地から小さな半島にかけて「バンヤンツリー・ランコー（Banyan Tree Lăng Cô）」が位置している。

アンサナ・ランコーには多様なタイプの２００室以上の客室があり、ファミリー層を中心に幅広い客層をターゲットにしている。それに対応すべく、料飲施設も朝食のブッフェ・レストランであるマーケット・プレイス（Market Place）、シーフードレストランのムーンバ(Moomba)、アジア各地の料理にフィーチャーしたライス・ボウル（Rice Bowl）と

写真３－41　アンサナ正面

写真３－42　アンサナ正面の夜景

写真３－43　ムーンバ

写真３－44　ライス・ボウル

ライス・バー（Rice Bar）、ルーフトップ・バーのアッパー・デッキ（Upper Deck）と多種類が揃えられている。

建物自体、多様な客室を象徴するかのように、テラスやベランダがあちこちで飛び出ており、左右対称のシンメトリックなデザインとあいまって、非常に象徴的な建物となっている。この点は、プーケットとは手法こそ違うが、やはり建物そのもののシンボル性を強調する点で共通している。

それほど高層ではないが、その分横に長く広がっており、広い敷地を活かした施設配置になっているといえるだろう。

写真３－45　アンサナのプール

写真３－46　アンサナのプール

写真３－47　アンサナのプール

建物も長いが、ここにはなんと、端から端まで全長３００ｍにも及ぶプールが存在する。建物をぐるような設計になっている場所や、なだらかな曲線となっている場所もあり、目的に応じて使い分けることが可能である。

施設内にはプールとは別に水路もあり、バンヤンツリーとの間を船で移動することもできるようになっている。この点もプーケットと同様である。

客室は４～５階建てのビルに配置されている。一部を除いて、ほとんどの客室にプライベート・プールが付いている。

写真３－48　水路と船

写真３－49　プールのある各客室

写真３－50　ガーデン・バルコニー・キング

図表３－16　ガーデン・バルコニー・シリーズの客室

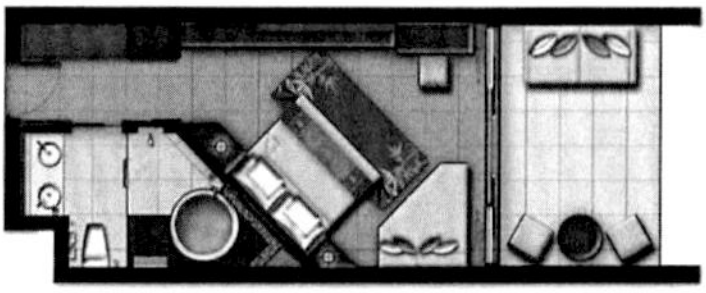

出所：以下，図表３－27まで同社提供／Courtesy of Banyan Tree Hotels & Resorts Pte. Ltd.

写真３－51　シービュー・ジュニア・プール・スイート・キング

図表３－17　シービュー・ジュニア・プール・スイート・キング

ベーシック・タイプとなるのが52 m^2のガーデン・バルコニー（Garden Balcony King／Twin Grand）である。このタイプにはプライベート・プールこそ付いていないが、広々としたテラスもついており、普通に過ごすには十分である。

この上のタイプは、53～60 m^2のシービュー・ジュニア・プール・スイート（Sea-view Junior Pool Suite King／Twin）になっている。

ここまでは2人利用が基本のカップル向けの施設となっている。ここからは、対応可能人数も多くなり、広さも一気に倍程度になる。

コートヤード／ビーチフロント／シービュー・スイート（Courtyard One Bedroom Suite／Beachfront One Bedroom Suite／Seaview One Bedroom Suite）は90～102㎡あり、3人での利用も可能である。いずれも、プライベート・プールがついているのみならず、コートヤードとビーチフロントはメインプールまたはビーチにそのまま出て行くことも可能となっている。シービューは2フロアにまたがった形式となっている。

さらに、4人利用可能な159㎡のコートヤード／ビーチフロント・2ベッド（Courtyard／Beachfront Pool Suite Two Bedroom）も用意されている。リビング・ダイニングルームを中央に、メイン・ベッドルームとメイン・バスルー

図表3－18　コートヤード／ビーチ・フロント1ベッドルーム・スイート

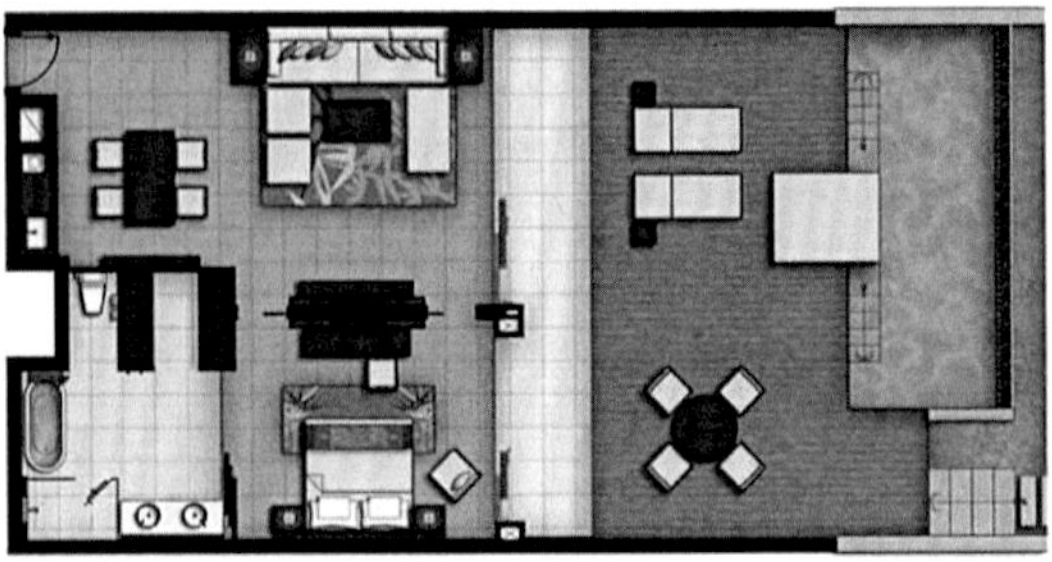

写真3－52　ビーチフロント1ベッドルーム・スイート

図表3－19　コートヤード／ビーチフロント・プール・スイート2ベッドルーム

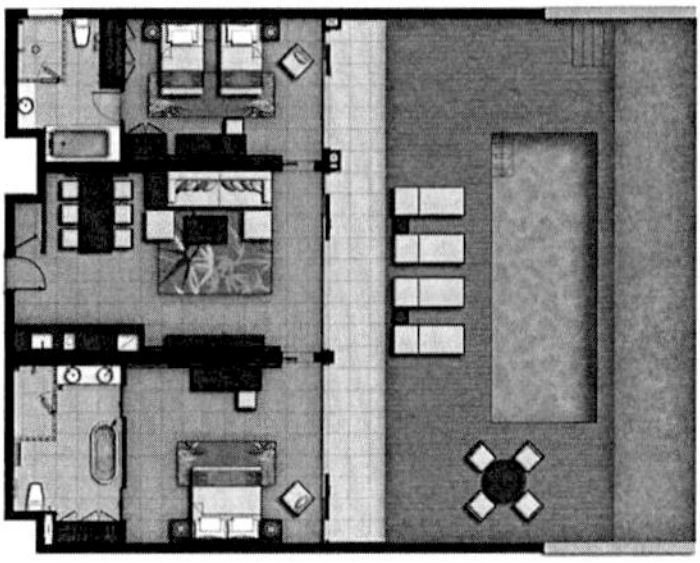

写真3－53　ビーチフロント・プール・スイート2ベッドルームのリビング

ム、サブ・ベッドルームとサブ・バスルームがそれを挟む形で配置されている。こちらもやはり、プールまたはビーチに直接行けるのが大きな特徴となっている。

最後に、179㎡の広さがあり、3層にわたって展開されているのがスカイプール・シービュー（Skypool Seaview Two Bedroom LoftとAngsana Skypool Seaview Two Bedroom Loft）である。下階に2つのベッドルーム、中階にリビング・ルームとダイニング、上階は屋上となっており、プライベート・プールとデイベッド、そしてここにもダイニングが置かれている。バスルームはそれぞれのベッドルームにフル装備で用意されている。

スカイプール・シービュー２ベッドルーム・ロフト

図表３－22　上階

図表３－21　中階

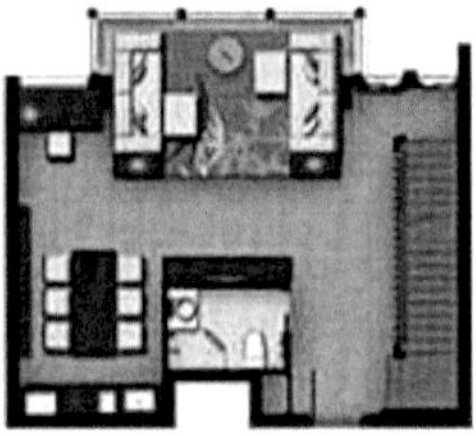

図表３－20　下階

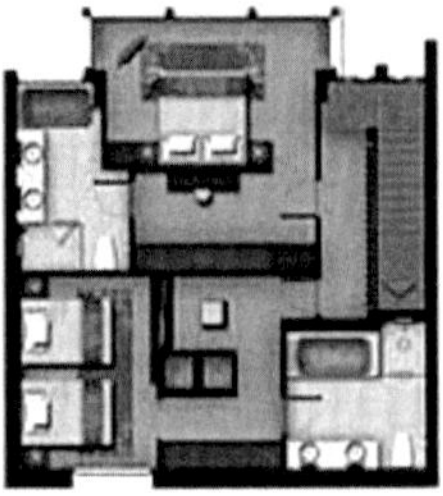

写真３－55　ダイニング

写真３－54　メイン・ベッドルーム

写真３－57　屋上ダイニング

写真３－56　リビング

写真３－58　バンヤンツリー・ランコー：エントランス

写真３－59　車寄せ

写真３－60　レセプションへの通路

写真３－61　アンサナから眺めたバンヤンツリー

　さて、次にバンヤンツリーを紹介したい。こちらはアンサナとは異なり、全室プライベート・プール付きのヴィラである。

　客層はほぼカップルに限られ、客室数も少ないため、全体的に落ち着いた雰囲気でまとめられている。なお、アンサナの各施設を利用することももちろん可能である。

　アンサナからは徒歩でもアクセス可能であるが、前述したように船を利用して、あるいはスタッフに頼めば車や電動カートでの送迎もしてもらえる。船着場はいくつかあるが、中には独特の装飾を施し

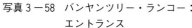

写真３－62　アンサナと結ぶ船

写真３－63　船着場

た建物になっているものも存在し、ここを貸し切ってのディナーも対応できる（第４章で詳しく述べる）。

料飲施設は、シグナチャー・レストランのサフラン（Saffron）以外に、シーフード&地中海料理のアズーラ（Azura）、ベトナム料理のウォーターコート（The Water Court）、そしてバーなどがある。

客室の基本となる131㎡のラグーン・プール・ヴィラ（Lagoon Pool Villa）と124㎡のビーチ・プール・ヴィラ（Beach Pool Villa）は、いずれも砂浜から続く平地に立地している。前者は敷地内のラグーンに面しており、後者は砂浜に直接アクセス可能である。基本的に、造作や設備などの違いはほとんどない。

写真３－64　ウォーターコート

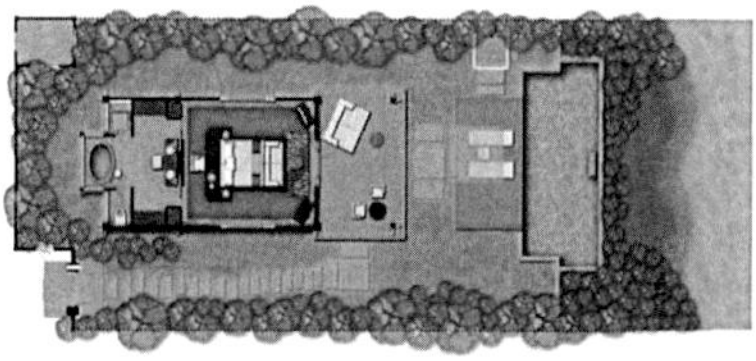

図表3－23　ラグーン・プール・ヴィラ

図表3－24　ビーチ・プール・ヴィラ

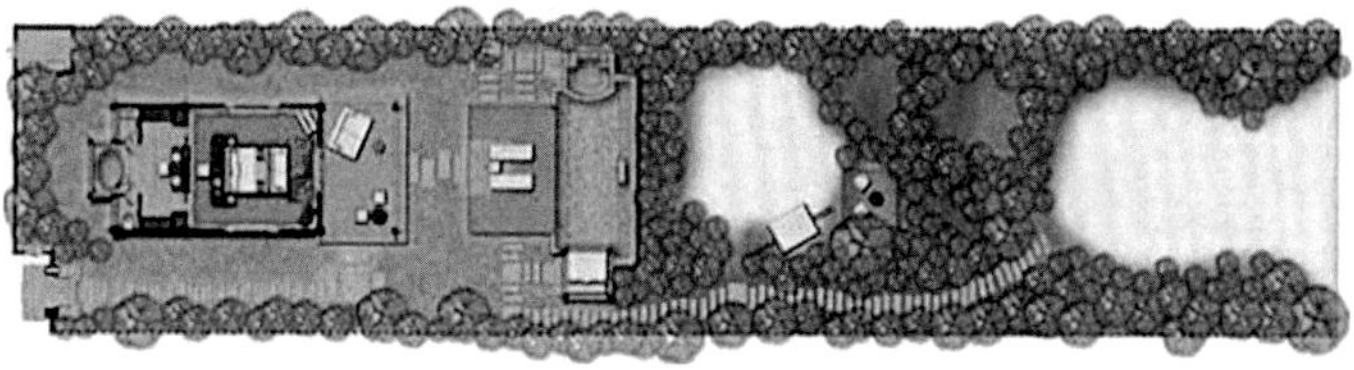

写真3－66　ベッドルーム

写真3－65　ビーチ・プール・ヴィラのプライベート・プール

写真3－68　パウダースペース

写真3－67　バスルーム

景色のよい丘陵部には、1ベッドルームから3ベッドルームまでの、シービュー・ヒル・プール・ヴィラ(Sea-view Hill Pool Villa)がある。1ベッドルームは152㎡、2ベッドルームは237㎡、そして3ベッドルームは260㎡もの広さがある。

図表3―25　シー・ビュー・ヒル・プール・ヴィラ1ベッドルーム

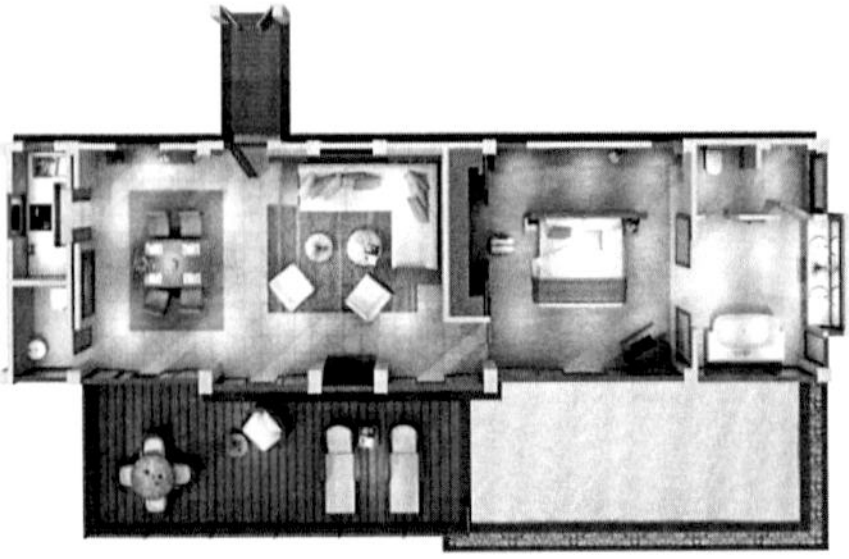

図表3―26　シー・ビュー・ヒル・プール・ヴィラ2ベッドルーム

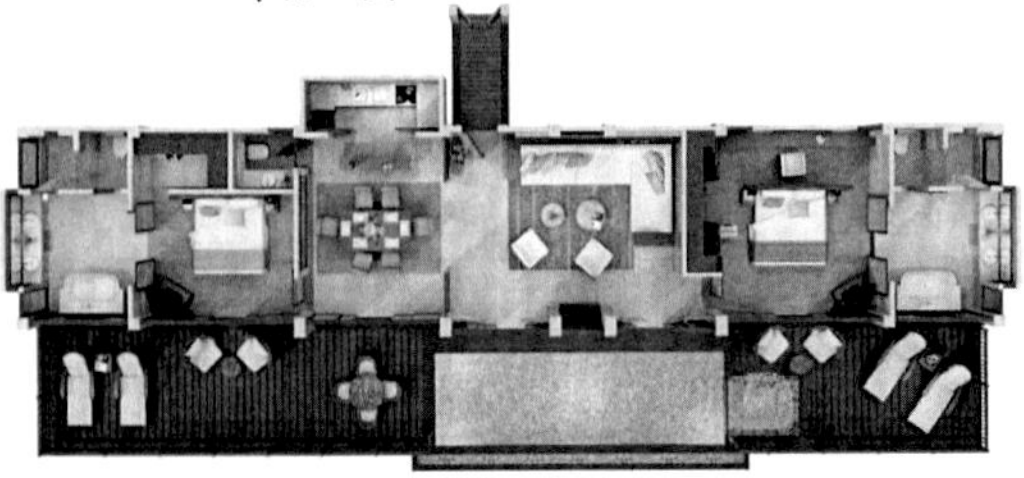

図表3―27　シー・ビュー・ヒル・プール・ヴィラ3ベッドルーム

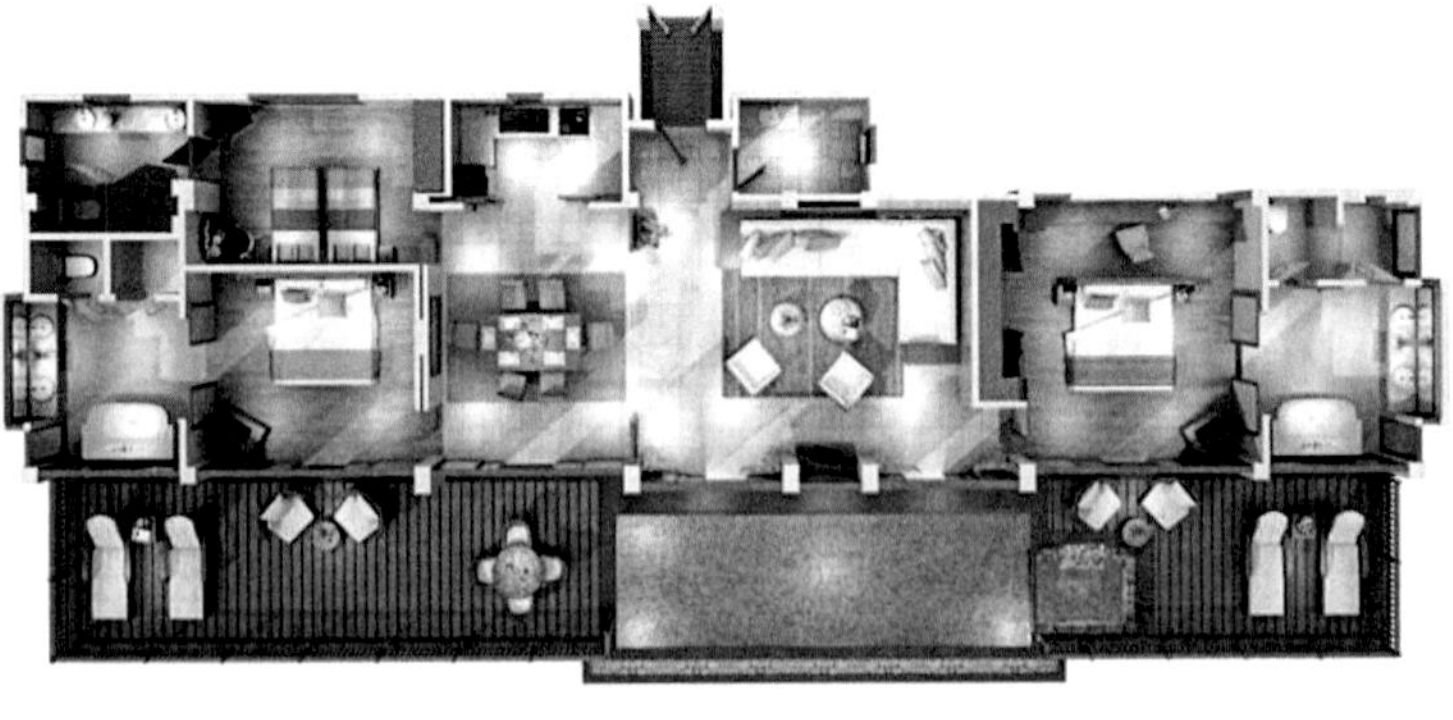

写真3－69　シー・ビュー・ヒル・プール・ヴィラ3ベッドルームのエントランス

写真3－70　メイン・バスルーム

写真3－71　セカンド・ベッドルーム

写真3－72　サード・ベッドルーム

3ベッドルームは、入口を入るとリビングとダイニングのスペースがあり、そのすぐ外にプライベート・プールとジャグジーがある。その向こうには素晴らしい景色が広がっている。そして、リビングとダイニングを囲むように3つのベッドルームが配置されている。

入口から入って左手がメインのベッドルーム、右手の海側がセカンド・ベッドルームであるが、どちらのバスルームからも海が眺められる点を含め、いずれも大差ない設備となっている。右手の入口側のみ、純粋なサブのベッドルームという位置づけとなる。

写真3－73　リビング・スペース

写真3－74　プライベート・プールとジャグジー

リビングとダイニングのスペースの雰囲気は、他の海沿いのリゾートと大差ない。大きな照明がいくつかぶら下がり、全体的にはモダン・チャイニーズのイメージが強い。

プライベート・プールは十分に広く、ジャグジーも付いている。プールからの景色も素晴らしい。

また、キッチンも備わっており、客室内で本格的な食事が楽しめる点は、プーケットのダブルプール・ヴィラと同じ方向性である。

6　バンヤンツリーの基本戦略

ランコーは、それまでまだ他企業が目をつけていなかった状態から、広大な土地を押さえて自社で開発した。この点はアマンとは異なっており、もともと不動産開発を基本としたビジネスの展開をする企業としての面目躍如であろう。このように、他に先駆けて、というスタンスは、創業当初からあまり変わってはいない。

例えば、2006年に中国雲南省の麗江と仁安（リンガー）にバンヤンツリーを開業した結果、2007年の純利益は前年3倍の8、180万シンガポールドルにまで増加した。その当時、他のチェーンはリゾートといえば沿岸地域にしか目を向けていなかった中で、リスクをとってリターンを得たのが大きく寄与している。そして、リゾートでスタートしながら、都市部に進出したのも早かった。アマンはいまだに「アマン・リゾーツ」であり、企業名からもリゾート志向の強さがうかがえる一方で、バンヤンツリーは「バンヤンツリー・ホテルズ&リゾーツ」と両立させている点がポイントとなっていよう。

山口由美氏は、『アマン伝説』において、アマンの場合には、創業者であるエイドリアン・ゼッカの琴線に触れることが前提であるのに対して、バンヤンツリーは不利な条件の克服が前提であったことを対比させている。この点は首肯できる。それに加えて、バンヤンツリーは上場会社であることも考慮すべきであろう。自社の強みを最大限に発揮しうるマーケティングが求められるからである。

とはいえ、短期的な目先の利益ばかりに目を向けているわけではない。アマンもバンヤンツリーも、自然環境や地域文化に対する配慮は欠かさない。バンヤンツリーの場合には、モルディブの海洋研究所、ビンタン環境保護研究所、ラグーナ・プーケット教育財団、ラグーナ・チャイルド・ケア・センター、プーケット津波復興基金などを設立し、熱心に社会活動を展開している。また、ギャラリーを通じて、地域の文化面に対する貢献も継続している。アマンも、こうした「目立つ」活動はしていないが、さまざまな社会的活動を実施している。SDGsが叫ばれるはるか前からこのような志向を持っていたことは、今後の観光産業に大きな示唆を与えるのではないだろうか。

余談ながら、両者ともシンガポールに本拠地がありながら、同地に宿泊施設がないのは興味深い。

第4章　それぞれの比較

1　立地とマーケティング

２０２０年時点における両チェーンの状況をみると、興味深いのは、いずれもオセアニアには施設を持っていないことである。過去、アマンにはタヒチにホテル・ボラ・ボラが、バンヤンツリーにもアンサナ・グレート・バリア・リーフが存在したが、今はチェーンに含まれていない。オーストラリアもニュージーランドも、多様な観光資源に恵まれているにもかかわらず、どちらも存在せず、少なくとも２０２０年時点では計画もないということは留意すべきであろう。

また、アマンは比較的偏ることなく、各国にまんべんなく立地している。国別にみた場合もっとも多い国でもインドネシアの5軒、次いで中国の4軒となる（ただし、ブータンにも実際には5軒ある）。これに対して、バンヤンツリーは中国で16施設を展開している。しかも、隣接地において別ブランドで展開しているものも加えればさらに増える。同社はプーケットに加えてインドネシアのビンタン島とベトナムのランコーで大規模リゾートを展開していることも踏まえると、特定の地域に対して集中的に展開する傾向がやや強いのかもしれない。

一方、モルディブ、セイシェル、モーリシャスといった「海のリゾートの王道」といえる場所に、バンヤンツリーは合計5施設があるが、アマンはいずれにも存在しない。ただし、フィリピンのパマリカン島に1軒、アマンプロがある。

また、バンヤンツリーはバンコク、クアラルンプール、北京、上海、天津、杭州、ソウルといった、アジア各国の大都市にもあるが、アマンは事実上、東京のみがいわゆる大都市であり、あとはヴェニス、京都といった観光都市となる。

なお、2020年時点でのアマンは単独ブランドであるが、バンヤンツリーは4つのブランドを持ち、立地の特性やその他の諸条件に合わせて使い分けている。これによって、隣接地を組み合わせた多様化マーケティングも可能となっている。

こうした立地の相違点は、それぞれのマーケティング戦略上の相違によると考えられる。この点を少し掘り下げて検討したい。

もともとアマンは、ゼッカ氏の感性に触れる場所での展開が基本であった。彼は、施設の開発に際しては空気感（atmosphere）を重要視していたという。その土地が持つパワーを感じ、その土地に耳をすましていると、コンセプトが湧き上がってきたそうである。Forbesでは〝Zen Hotelier〟（禅・ホテリエ）と称されたこともある。実際、アマンの建築には、特定のデザインコンセプトが存在するわけではない。むしろ、立地を踏まえたデザイ

図表4－1　アマンとバンヤンツリーの地域別施設

		アマン		バンヤンツリー				
				バンヤンツリー	アンサナ	カッシーア	ダーワ	
アジア	タ　イ	Amanpuri	1	Phuket, Bangkok, Samui	Phuket	Phuket		3
	インドネシア	Aman Villas at Nusa Dua, Amandari, Amankila, Amanjiwo, Amanwana	5	Bintan, Ungasan	Bintan	Bintan		2
	マレーシア			Kuala Lumpur, Pavilion				1
	ベトナム	Amanoi	1	Lăng Cô	Lăng Cô			1
	ラオス	Amantaka	1		Maison Souvannaphoum			1
	フィリピン	Amanpulo	1					
	カンボジア	Amansara	1					
	中　国	Summer Palace, Amandayan, Amanfayun, Amanyangyun	4	Anji, Chongqing Beibei, Hangzhou, Huangshan, Lijiang, Macau, Ringha, Sanya, Shanghai on the Bund, Tengchong, Tianjin Riverside, Yangshuo	Hangzhou, Xian Lintong, Xishuangbanna, Zhuhai Phoenix Bay,		Jinshanling Great Wall	16
	インド	Aman-ikhas	1		Bangalore			1
	スリランカ	Amangalla, Amanwella	2					
	モルディブ			Vabbinfaru	Ihuru, Velavaru			2
	ブータン	Amankora（ただし5軒）	1					
	日　本	Aman東京, Amanemu, Aman京都	3					
	韓　国			Clubu & Spa Seoul				1
北米	米　国	Amangani, Amangiri	2					
	中南米	Amanera, Amanyara	2		Cayo Santa Maria, Cabo Marques, Mayakoba		Cayo Santa Maria	3
欧州		Le Mélézin, Amanzoe, Aman Venice, Rosa Alpina, Aman Sveti Stefan, Amanruya	6					
アフリカなど		Amanjena	1	Tamouda Bay	Mauritius, Marrakech, Seychelles			4

出所：2020年 各企業の資料より著者作成。　（注）数字は軒数。ただし，隣接地にある施設は数えていない。

ンをすることがなにより重要という方針を掲げている。つまり、リゾートの立地ごとに、周辺にある住居の建築・内装、文化、食材・料理などを取り入れた施設を創り、それらを踏まえたサービスの提供を目指しているのである。事実、少なくともゼッカ氏の時代には、例えば賞を受賞するような料理人は求められていなかった。そのため、こうした感性に訴えかけられるような立地でなければ展開しえないという基本があった。

バンヤンツリーでももちろんそういった方向性はあるが、都市部の施設の場合にはそれを表現に取り入れることが困難である。さらに、実は海沿いのリゾートでもこれは同様といえる。「海」はそれ単独で差別化を目指すのは、意外と難しいからである。

その結果、アマンはどのリゾートも異なる建築・内装である（というよりその周辺の建築・内装）のに対して、バンヤンツリーはいわゆるモダンチャイニーズのテイストで創られた施設が多いということになった。後者は中国にプロパティが多いことも、それを後押ししているように感じられる。

さて、客室棟はいずれも、リゾートは基本的に各棟独立型のヴィラ形式が基本となっている。ヴィラはいずれもゆったりとしたスペースが確保されており、アマンは一部が、バンヤンツリーはほとんどがプライベート・プールを付帯している。ただし、後者の他ブランドではその限りではない。バンヤンツリーのプライベート・プールに対するこだわりは強く、最近では都市部に立地するビル内のホテルでも客室内に小さなプールを設置している施設が出現してきている。この点はあとで詳述する。

都市部に立地する施設の場合には、ビルなどの建物の一部または全部を利用することになる。アマンでは、初の本格的な都市型ホテルとなった「アマン東京」において、大手町の超高層ビル上層階でありながら、ロビー上部に6層にもわたる吹き抜けを設け、そこに障子からモチーフを取った模様を入れ、さらに「白木の廊下」を設置することで日本らしさを演出している。そしてここからは、天候によっては富士山も望みうる。

写真4－1　アマン東京のロビー（上部に障子柄，右下部に木の長い廊下）

一方でバンヤンツリー初の都市型ホテルとなった「バンヤンツリー・バンコク」では、屋上にルーフトップ・レストランとバーを設置して話題をさらった。これはその後、「バンヤンツリー・クアラルンプール」でも取り入れられている。

写真4－2　バンコクのルーフトップ

都市部の高層ビルでも「非日常性」を強く訴求することで、ゲストの感性を刺激しようとしている点は両者に共通しているといえるだろう。

その他のポイントとしては、以下の点が挙げられる。

まず、プロモーションが特徴的である。両チェーンともに、マス媒体は基本的に利用しない。SNSを軸としつつ、メールなどを駆使して消費者と可能な限り直接的な関係を結ぼうとしている。ただし、広報活動には注力しており、雑誌のパブリシティで目にすることは比較的多い。その結果、世界的なホスピタリティ関連のメディアであるCondé Nast Traveler, Zagat Survey, The Gallivanter's Guide, Harper's Hideaway, Travel & Leisureなどで高い評価を得ている。

写真4－3　クアラルンプールのルーフトップ

また、アマンは最近でこそ、ある程度の広報活動を部分的に採用してはいるが、かつては口コミしか使っていなかった。開業前に、顧客に新しいリゾートが写ったポストカードが届くところからストーリーがはじまったことで有名である。

そして、双方ともに環境に対する意識はきわめて高い。昨今のSDGs流行のはるか前から、さまざまな工夫を重ねて環境保全活動や地域貢献活動を展開してきた。バンヤンツリーは直営のギャラリーを通じてフェアトレードを実現するほか、環境に関する多くの賞を受賞している。アマンでは、リゾートを開発するに際して木の伐採は最低限とし、既存の水流の遮断を避け、未処理水の排出も抑制し、動物たちの排除もしない。

最後に、両チェーンともにレジデンスあるいはタイムシェアの手法を大々的に取り入れて、これをファイナンスの一環に据えていることも共通する。

2　各施設の比較：パブリック・エリア

ここで、各リゾートにおける施設要素をそれぞれ比較することで、よりアマンとバンヤンツリーの特性を知っていきたい。まずは、ロビー・エントランスなどからスタートしよう。

写真4－4　バンヤンツリー・サムイ

写真4－5　バンヤンツリー・ランコー

写真４－６～９　バンヤンツリー・プーケット

写真４－７

写真４－６

写真４－９

写真４－８

前にも述べたように、バンヤンツリーは比較的類似した建築のものがある。エントランス・ロビーの建物でもっとも多いのは、三角形の屋根を乗せた建物を連結したスタイルかもしれない。

写真４－10　バンヤンツリー・ランコー：ロビー

写真４－11　ランコーのロビー中庭

写真４－12　バンヤンツリー・ウンガサン：ロビー

写真４－13　車寄せを眺める

たとえ三角屋根でなかったとしても、非常に天井が高い点は一致している。また、その高い天井に、これもきわめて大きな照明器具がぶら下がっていて、シンボリックな存在にしていることも大きな特徴といえるだろう。

写真4－14　旧・バンヤンツリー・アル・ワディ：ロビー

写真4－15　アル・ワディ全景

写真4－16　バンヤンツリー・サムイ

写真4－17　バンヤンツリー・マカオ

写真4－18　バンヤンツリー天津リバーサイド

写真4－19　バンヤンツリー・クアラルンプール

写真４－21　バンヤンツリー天津リバーサイド

写真４－20　バンヤンツリー上海オン・ザ・バンド

写真４－23　アマンプリ：車寄せ

写真４－22　アマンプリ：エントランス

都市部の場合には、建物そのものをシンボリックにしたり、車寄せに特徴的な装飾を施したりすることがしばしば行われている。

一方、繰り返すが、アマンには共通した建築の特性といったものは存在しない。むしろ、周辺の建築や内装の特性を取り入れていると考えた方が適切だろう。

また、目立つ装飾なども特に施されていない点もまた大きな特徴といえよう。むしろ、素朴とさえ感じられるものが多

写真４－24　アマンキラ：レセプション

写真４－25　アマンダリ：レセプション

写真４－26　アマンウェラ：エントランス

写真４－27　アマンガラ：エントランス

い。

　これは、都市部の場合でも同様であり、アマン東京のエントランスは、気がつかないで通り過ぎてしまいそうなほど、目立たない造りになっている。

写真４－28　アマン東京：エントランス

また、実はアマンにはいわゆる「ロビー」といえるものがあまりない。あちこちに椅子が置かれているため、無理にロビーとする必要性が乏しいのかもしれない。逆に、アマン京都では外にある特別なくつろぐためのスペースをロビーのように使っている。
ただ、やはり都市に立地している場合にはある程度の必要性が生じるためか、比較的オーソドックスなロビーが用意されるケースもある。

写真４－29　アマン京都

写真４－30　アマンガラ：ロビー

写真４－31　アマン東京：ロビー

さて、続いてメイン・プールについて検討しよう。いずれのチェーンも、都市部立地の一部を除いてプールを設置している。それも、他のチェーンのホテルでは考えられないような大きさで展開することで、他の人を気にせずにゆったりと過ごすことが可能である。

写真４－32　バンヤンツリー・サムイ：プール

写真４－33　バンヤンツリー・ウンガサン：プール

バンヤンツリーの場合、複合施設内の立地であれば、他施設のプールも利用可能であることが多い。マカオではバンヤンツリー専用のプールはもちろん、ギャラクシー・マカオにある波のプールや流れるプールも利用できる。

アマンのプールも大きく違うわけではない。1つだけポイントを挙げると、周囲の建築や木々との関係にもかなり配慮していると思われる点が多いことである。特に、ブラック・プールといわれる暗い色の使用、インフィニティ・エッ

写真４－34　バンヤンツリー・ランコー：プール

写真４－35　バンヤンツリー・マカオ：プール

写真４－36　ギャラクシー・マカオ：波のプール

写真４－37　同：流れるプール

ジの多用により、きわめて彫りの深い印象を与えるプールが多いように感じられる。

写真４－38　アマンウェラ：プール

写真４－39　アマンガラ：プール

写真４－40　アマンプリ：プール

写真４－41　アマンダリ：プール

写真４－42　アマンキラ：プール

また、両者とも、都市部の高層ビル内に位置していても、窓を大きくしたり、一部の窓を取り払ったりすることで開放感を高めている。
なお、前にも述べたが、バンヤンツリーの系列のアンサナ・ランコーには、全長300mにも及ぶ巨大なプールも存在する。

写真4－43　アマン東京：プール

写真4－44　バンヤンツリー・クアラルンプール：プール

写真4－45　アンサナ・ランコー：巨大プール

3　各施設の比較：ヴィラ

続いて、ヴィラの検討をしたい。バンヤンツリーのヴィラは、一時期、非常によく似たデザインであった。特に、海の近くに位置する施設の場合には、一見して違いがわからないほどにそっくりである。プライベート・プールやジャグジーの配置まで同じなので徹底している。

写真4－46　バンヤンツリー・サムイ：ヴィラ

写真4－47　バンヤンツリー・ランコー：ヴィラ

写真４－48　バンヤンツリー・ウンガサン：ヴィラ

写真４－49　同：海を眺める

写真４－50　旧・バンヤンツリー・アル・ワディ：テントヴィラ

写真４－51　同：プライベート・プール

この場合、一度どこかの施設を使うと、次に初めて行く施設でも、同じ使い勝手で利用できるというメリットもある。客室のラインナップを見れば、ある程度の広さや間取りも想像できるため、予約の際に部屋で迷う必要もない。

もっとも、比較的初期の施設では色々と試行錯誤もしていたようである。特に、現在はチェーンを離れたアラブ首長国連邦のバンヤンツリー・アル・ワディのようなテント式のヴィラや、仁安（リンガー）や麗江のヴィラは地元の建築様式などを大々的に取り入れており、アマンとの共通項も感じられる。

写真4－52　バンヤンツリー麗江

写真4－53　バンヤンツリー仁安

なお、アマンも実はヴィラの外装はそれほど多様性があるわけではない。確かに近隣の建築様式を取り入れたりはしているが、内部は空調完備の近代的な設備である。そのため、屋根を工夫したり、テラスの装花を利用したりして、現地の空気感を演出している。

さて、ここで、ヴィラの中に歩を進めてみよう。リビングルームのデザインを見ると、インテリアにおいてもやはりバンヤンツリーには類似点があることがわかる。ただし、最近の施設は、また新しい方向性を模索している。

写真４－54　バンヤンツリー・ランコー：リビング

写真４－55　ランコー：ダイニング

写真４－56　バンヤンツリー・ウンガサン

写真４－57　バンヤンツリー・マカオ：リビング・ダイニング

写真４－58　バンヤンツリー天津リバーサイド：リビング

写真４－59　デスクスペース

写真４－60　パヴィリオン・ホテル：ダイニングからリビングを眺める

写真４－61　アマンウェラ：テラス

写真４－62　アマンキラ：テラス

写真４－63　アマンダリ：バルコニー

写真４－64　アマンプリ：サラ

一方でアマンには、必ずその土地に「直接」触れられるようなスペースがヴィラに設けられている。海風を感じられるテラスや、ライステラスを望めるバルコニーなどは、まさにアマンならではの「感性」による施設構成である。

写真４－65　アマン東京

写真４－66　バンヤンツリー・マカオ

写真４－67　バンヤンツリー・クアラルンプール

写真４－68　バンヤンツリー上海オン・ザ・バンド：客室プール

写真４－69　上海：客室全体

ビル内の施設となったアマン東京でも、窓際にはゆったりとしたスペースが取られ、東京の景色を眼下に納めることが可能である。空気に触れることこそ適わないが、むしろ東京らしいとさえいえるかもしれない。

アマンにもプライベート・プールが設置されている施設もあるが、この点はバンヤンツリーの方が強いこだわりを持っているようである。バンヤンツリーでなにより興味深いのが、ヴィラなどではないビル内の客室であっても、プールを設置しているケースが存在することである。この点は、「ダブルプール・ヴィラ」の存在と同様、まさにバンヤンツリーのプールに対するこだわりが結実したものといえる。

ここでは、マカオ、クアラルンプール、上海を取り上げたが、いずれにも別途、バスタブを設けた浴室も設置されている。あくまで浴室とは異なるプールとしての存在なのである。

続いて、ベッドルームを見てみたい。アマンもバンヤンツリーも、キングサイズのベッドが1台置かれるのが基本である。2ベッドルームの場合には、セカンド・ベッドルームにツインベッドの仕様が施されることがある。まずはバンヤンツリーから紹介しよう。

写真4－70　バンヤンツリー・ランコー：メイン・ベッドルーム

写真4－71　ベッドルームから海を眺める

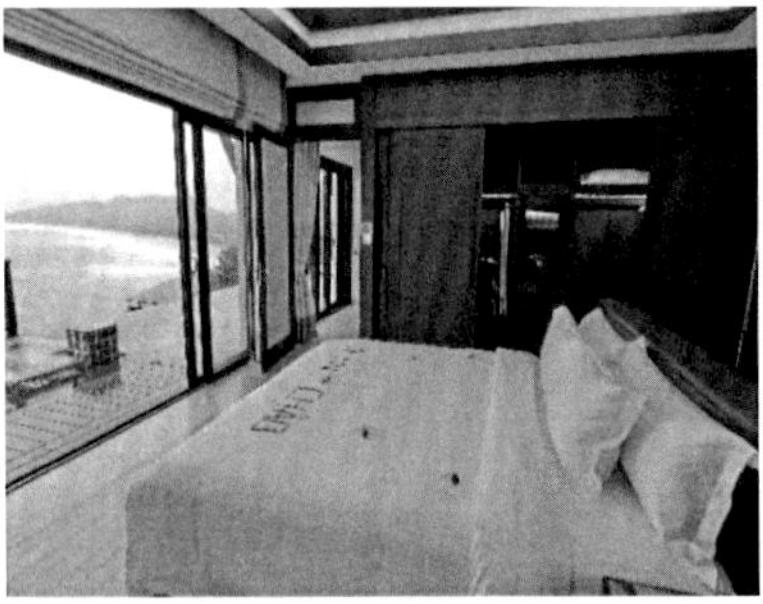

写真4－72　バンヤンツリー・ウンガサン

写真4－73　バンヤンツリー・サムイ

写真４－74　バンヤンツリー・バンコク

写真４－75　バンヤンツリー・クアラルンプール

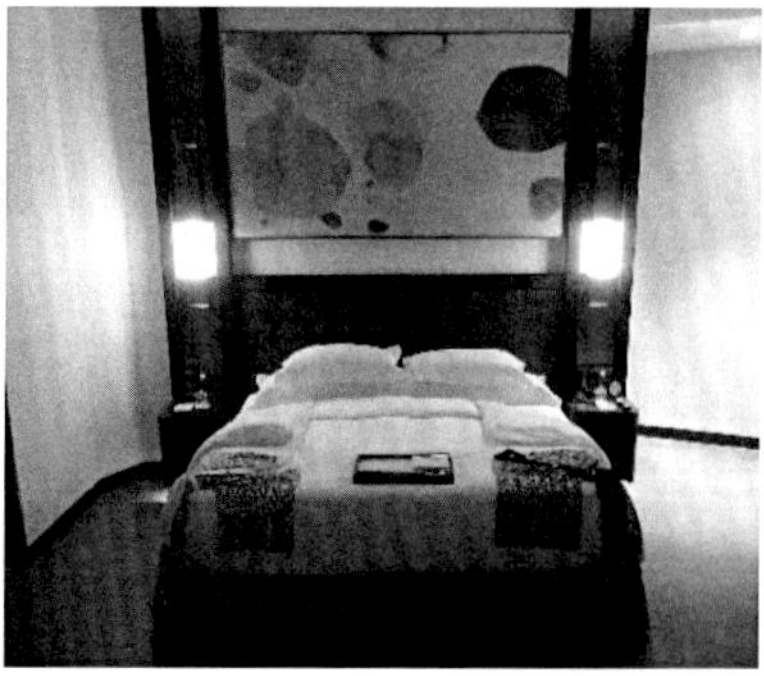

写真４－76　バンヤンツリー・マカオ

写真４－77　バンヤンツリー上海オン・ザ・バンド

写真４－78　バンヤンツリー天津リバーサイド

写真４－79　パヴィリオン・ホテル

写真４－80　バンヤンツリー仁安

写真４－81　バンヤンツリー麗江

　バンヤンツリーはいずれも、色使いや模様、小物類の使い方などを見ても、やはりモダンチャイニーズのテイストが色濃く感じられよう。しかし、リビングなどと同様、最近開業した施設では、白色やアースカラーを取り入れるなどして、柔らかいイメージの施設も多くなってきた。

　とはいえ、ここでもやはり、初期の中国の施設が際立った特徴を持っている。地域の特性を存分に取り入れようとしていることがうかがえるだろう。

一方で、アマンの場合、マットレス、寝具などはきわめてシンプルな、真っ白のものを使用している。ベッドライナーさえ置かれないことも多い。ところが、フレームや周囲の装飾、小物類などをうまく使って、それぞれの地域の特徴をうまく演出しているようである。

写真4－82　アマンガラ

写真4－83　アマンウェラ

写真4－84　アマネム

写真4－85　アマン東京

写真４－86　アマンキラ

写真４－87　アマンダリ

写真４－88　アマンプリ

写真４－89　アマンプロ

出所：本写真のみ提供・The Platinum Life HP。

ベッドルームの最後に、一部の施設で行われているベッドアートも紹介しておこう。ハネムーナーの宿泊で、ハウスキーピングのスタッフが応用したものが最初といわれているが、最近では幅広く応用されている。

タオルを用いて鳥や動物を象ったもの、草や葉を文字のように並べたもの、さらには花びらを散らしてロマンティックな雰囲気を演出したものなど、さまざまな趣向が凝らされているのが理解できるだろう。

写真４－90　バンヤンツリー・ランコー：メッセージ

写真４－91　ランコー：タオルアート

写真４－92　ランコー：タオルアート

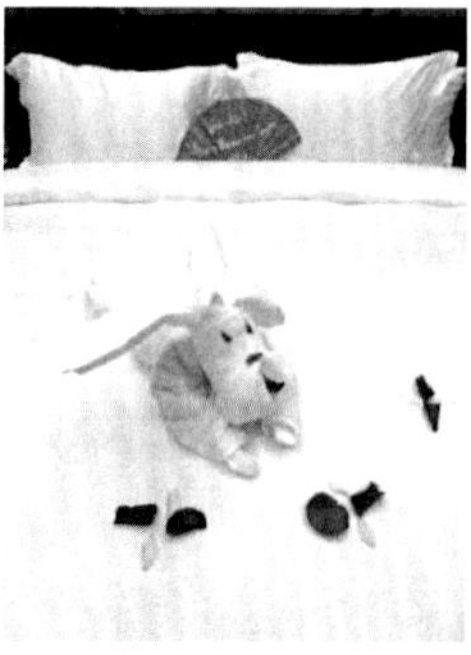

写真４－93　バンヤンツリー麗江

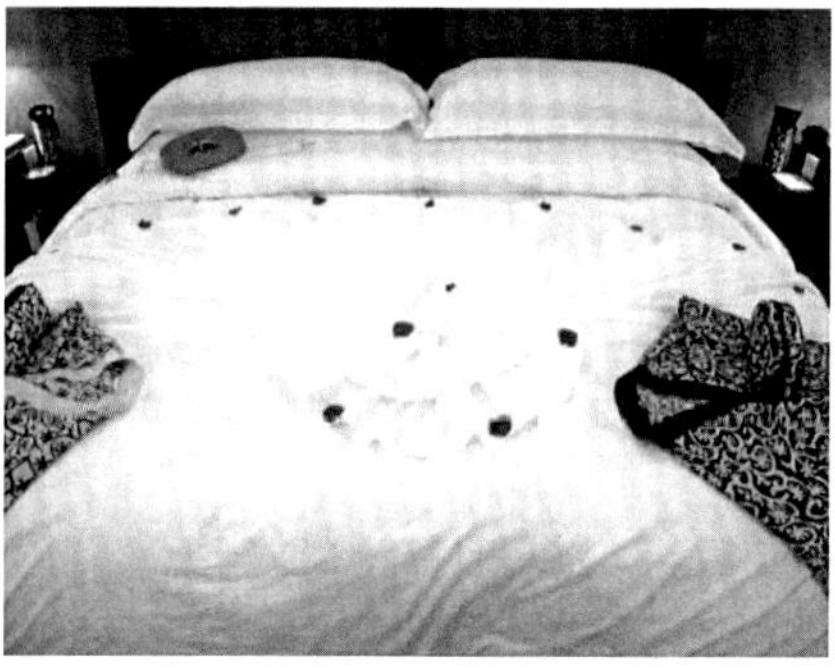

写真4－94　アマンガラ

写真4－95　アマンプリ

写真4－96　アマンキラ

写真4－97　アマン東京

次にバスルームにも目を向けたい。昨今のラグジュアリー施設においては、ダブル・シンク（ツイン・シンク）と呼ばれる、洗面台が2台用意されているケースが圧倒的であり、アマンもバンヤンツリーもその例に漏れない。そして、鏡を効果的に用いて、空間を広く見せる工夫もなされている。

アマンの場合には、ここでもその土地の空気感を強く打ち出すことに意が注がれているようである。実際、アマン東京では、季節によっては「ゆず湯」の用意をしていたりする。

写真４－98　アマンダリ：アウトバス

写真４－99　アマンダリ：バスルーム

バンヤンツリーの方は、やはり初期の施設は独特の雰囲気である。むしろ、仁安（リンガー）のように、アマン以上にその土地らしさを感じる施設もある。海沿いの場合には、存分に海を愉しめる広い窓が備わったバスルームが基本となる。

写真４－100　バンヤンツリー・リンガー

写真４－101　バンヤンツリー・マカオ

写真４－103　バンヤンツリー・ランコー

写真４－102　バンヤンツリー天津リバーサイド

むしろバンヤンツリーで興味深いのは、後で詳しく説明する水浴（温浴）施設の影響か、特にシャワー・ブース側の器具類に、先進的な試みが多く見受けられることである。レイン・シャワーも昨今では当たり前になりつつあるが、それを超える驚きが用意されていた。

写真４－104　バンヤンツリー・マカオのツイン・シャワーとツイン・レイン・シャワー

写真4－105　バンヤンツリー・クアラルンプール

例えば、バンヤンツリー・マカオのシャワー・ブースには、2人一緒にシャワーを浴びることができるツイン・シャワーの他に、なんと天井にツイン・レイン・シャワーの装備もあった。また、クアラルンプールでは、なぜかレイン・シャワーに照明の色が自動的に変わる仕掛けが組み込んであった（巻頭カラー写真19）。

設備面での差別化は、他社でも導入ができてしまうためになかなか難しい。ただ、バンヤンツリーのこの試みは、「ここまでは普通やらないだろう」という意外性があり、さすがだと思わせられるものであった。その点からすると、バンヤンツリーは、「プールにこだわる」のではなく「水浴にこだわる」志向になってきているのかもしれない。

この延長で検討したいのが、温泉または温浴施設の存在である。本来はパブリック・スペースの部分で紹介すべきだったのかもしれないが、「バスつながり」でこちらに掲載する。

アマンにはいくつかの施設に、温浴施設が用意されている。温泉の場合も、通常の沸かし

写真４－106　アマンガラ：温浴場

写真４－107　アマン東京：浴場

写真４－108　アマネム：サーマル・スプリング

湯の場合もあり、水着着用で共用の場合と、そうでない施設とがある。

　バンヤンツリーにはいわゆる温浴施設はないようである。しかし、同チェーンでは、スパの施術後のバスタイムをさまざまに工夫しており、この点では、同様のサービス提供がなされていると考えて差し支えない。また、前述したように、各ヴィラにはジャグジーが用意されているほか、高地にある麗江では、プライベート・プールではなくプライベート・ジャグジーが付帯している。

そして、水をさまざまに活用したハイドロセラピーにも注力していて、「レインフォレスト」という大規模な施設を展開している。これはアマンにはないものである。

4　各施設の比較：サービス

続いて、食事の面である。ここで触れておかなければならないのは、過去の高級ホテルが

写真4－109　バンヤンツリー麗江：プライベート・ジャグジー

写真4－110　バンヤンツリー・サムイ：レインフォレスト

写真4－111　レインフォレスト

出所：レインフォレストは2枚とも同社提供／Photos courtesy of Banyan Tree Hotels & Resorts Pte. Ltd.

写真４－112　バンヤンツリー・ランコーの朝食

写真４－113　バンヤンツリー上海の朝食

皆、フランス料理を主役に据えていたのに対して、アマンはその土地の食材・料理法、バンヤンツリーはタイ料理やベトナム料理といったアジアン・キュイジーヌに重きを置いてきたことである。これは、アジア発祥のチェーンであるため、当然の帰結かもしれない。

しかし、他の地域への進出が増えるにしたがって、それ以外の料理を取り入れる動きも活発になってきたようである。

本書では、やや特徴的と思われる朝食、そして特別な食事体験に焦点を当てて検討したい。

バンヤンツリーでは、ブッフェ・スタイルの朝食が基本である。こちらでもアジアン・キュイジーヌの色は強く感じられるが、ふんだんに用意されたフルーツなどは、やはりリゾートの気分には欠かせない要素だろう。他に、どのプロパティでもほぼ必ず朝食にあるのが、点心類、腿から切りたての生ハム、フォーやミーなどの麺類、蜂の巣から直接のハチミツ、そしてシャンパンといった辺りである。

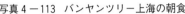

写真４－114　バンヤンツリー・ランコー：朝食

写真４－115　ランコー：ヌードルバー

アマンでは、相対的に客室数が少ないことと、やはり個別的なサービス提供とを重視しているためか、ブッフェ・スタイルはあまり取り入れられていないようである。

ディナーに関しては、少々状況が異なる。アマンやバンヤンツリーの大きな特徴として、その立地を活かした、特別な場所でのディナーがある。アマンの場合にはむしろ、リゾート内のどこででも食事をすることが可能であり、バンヤンツリーでは「デスティネーション・ダイニング」と銘打って、砂浜や景色のいい特定の場所での食事が提供されている。また、ヴィラでの食事提供にも注力している。

基本的にはリゾートでの展開で、都市部の施設では対応していない。また、当然ながら天気によっても状況が左右される面があることは否めない。しかし、日常ではありえないような場所での食事は、旅をきっと思い出深いものにしてくれることだろう。

ほとんどの場合、周囲にキャンドルを点し、幟やヴェールを使い、場合によっては砂を利用したソファのようなものまで設置したりもする。

写真４－116
バンヤンツリー・ウンガサン（バリ島）でのイン・ヴィラ・ダイニング

写真４－118　ランコー：プライベート・ダイニング

写真４－117
バンヤンツリー・ランコー：船着場を貸し切ったダイニング

写真４－119
バンヤンツリー・サムイ：砂浜を貸し切ったダイニング

出所：同社提供／Courtesy of Banyan Tree Hotels & Resorts Pte. Ltd.

写真 4 －121　アマンガラ：ダイニング

写真 4 －120　アマンガラ：テラス・ダイニング

写真 4 －122　アマンキラの岬頂上での「ティルタ サリ バレ」ダイニング（左：夕暮前，右：夕暮時）

写真 4 －123
アマンダリのアユン川渓谷沿いのバレで提供されるプライベートディナー

写真４－125　バンヤンツリー・プーケット

写真４－124　アマンダリ

写真４－126　バンヤンツリー・サムイ

写真４－127　バンヤンツリー・クアラルンプール

最後に、いわゆる「遊び心」が成したと思われる、興味深い施策について紹介したい。

喫煙者には厳しい状況となってきつつあるが、リゾートでは気持ちが開放的になるためか、喫煙する人もそれなりに多いようである。もちろん、喫煙所は定められているわけであるが、そこに置かれている灰皿には砂が敷いてある。昨今のリゾートでは、ここになにがしかの模様を入れることが多いが、アマンとバンヤンツリーでも同様である。

同じようなことを、コーヒーでもやったりする。

写真４－128　アマンキラで

アマンキラでは、パスポートチェックのためにパスポートを預けたところ、なんとリボンをかけられて返却がなされた。

そして、アマンならではの特徴として、宿泊客にはチェックアウト時にネームタグをプレゼントするというものがある。施設によってデザインも異なることから、これをコレクションする人も多いらしい（巻頭カラー写真20も参照）。

写真４－129　アマンガラと アマンウェラ

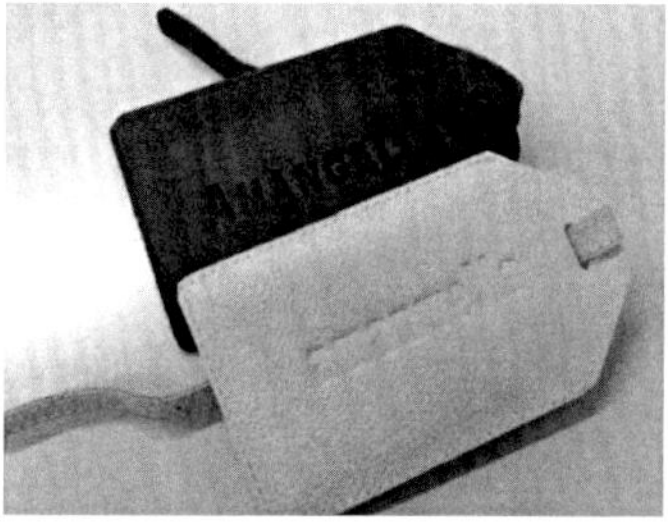

写真４－130　アマン京都

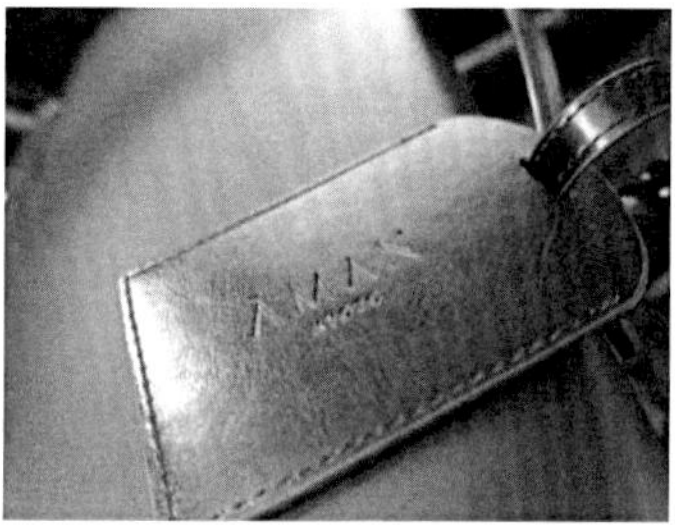

出所：The Platinum Life HP。

5　顧客の視点

本章の最後に、両チェーンを顧客側から見た場合にはどのような相違があると感じられるか、今回本書を執筆するにあたって、ゲストの方々にご意見をうかがった。回答を寄せていただいたのは、比較的多くのアマンやバンヤンツリーでの宿泊経験がある方ばかりであり、使い慣れたユーザー視点での把握ができるだろう。

Q.「アマン・リゾーツに対するイメージは？」

この問いに対しては、「期待どおりの滞在を常に提供してくれる」、「どんなリクエストにも真摯に対応してくれる」、「リクエストに対して、期待以上の対応をしてくれる」といった、「リクエストに対する期待以上のサービス提供」に関する回答が多かった。また、「独自の視点で『秘境』に近い場所をも開拓し、その土地の特性を最大限に活かした楽園と化すプロフェッショナル集団であり、ラグジュアリーとローカリティのバランスが完璧である」、「数あるリゾート地の中でも、もっとも美しいロケーションに位置しており、その土地に溶け込むようなデザインがなされている」といった、「美しい地域・土地を踏まえたサービス提供」に関する回答が多かった。

また、「どこかのアマンに滞在したら、また他のアマンにも行ってみたくなる」という意見もあり、いわゆる「アマンジャンキー」と呼ばれる人たちが出現する背景も垣間見られた。

ただし、スパも改良の余地があるとの評が一部にあった。また、「料理のクオリティがもう一歩である」という意見や、「料理の値段が高すぎる」といった、ダイニングに関してのやや批判的な意見も寄せられた。料理に関しては、日本では本格的なアジアン・キュイジーヌを愉しめる店も多くはないため、価格面に対してはシビアな見方をされるのも仕方ないのかもしれない。とはいえ、前項で述べたような特別な食事体験については、マイナスな評価は一切見られず、絶賛しかなかったことも付け加えておきたい。

Q.「アマンでもっとも好きなプロパティは?」

この問いに対しては、実は「とてもではないが、一番は選べない」という回答が圧倒的に多かった。そこをあえて…ということでいただいた回答は以下のとおりである。

「美しさが際立っている」と評されているのがアマンゾイである。「神殿のよう」であり、「自分自身がギリシャ神話の中に入り込んだよう」であったという意見があった。また、アマンヤラに関しても「美しい海と建築との対比、そして計算されつくしたリゾート内の照明効果に唖然とするしかなかった」といった、美しさに関するコメントが寄せられた。

また、「きわめてユニークなプロパティ」との意見が寄せられたのがアマン・スベティステファン、そして、「専用機での移動からすでにストーリーが組み上げられている」点が高

写真４－131　アマンゾイ

写真４－132　アマンヤラ

出所：２点ともマゼラン・リゾーツ＆トラスト。

写真４－133　アマンプロの滑走路

出所：The Platinum Life HP。

く評価されたのがアマンプロであった。アマンプロはアクティビティに対する評価も高く、「非常に洗練されており、どんなアクティビティでも可能」との意見もあった。ここはホスピタリティ面に対する評価も際立って高いものがある。

そして、やはり創業の地であるアマンプリに対する支持も多かった。恐らく、ここは利用経験者も多いことが予測される。中には、「ラグジュアリーでありながらアットホームな空気感」、「地元の風土を肌で感じられる唯一無二の感覚」といった意見や、「創業から30年以上経ち、さまざまな点で熟成感がある」との意見があった。

Q.「バンヤンツリーに対するイメージは？」

こちらはやはり、スパやプライベート・プールに対する、明確な「こだわり」が感じられるというゲストが多い。「とにかくスパがすばらしく、セラピストに外れがない」、「タイおよびアジアのスパ文化を牽引した存在」といった指摘は傾聴に値しよう。スパに関しては、他のどのチェーンよりも圧倒的な存在感があるようだ。

また、「カップルの時も、子供が生まれても、子供が大きくなっても、どのタイミングでも使い分けて愉しむことが可能だった」という意見には、なるほどと思わせられた。一方で、「カップルで使うには、バンヤンツリー以上に『艶やか』なリゾートはない」と言い切った方もいた。この辺りは、恐らくアンサナなども念頭に置いた意見と思われ、ブランドごとに最適な利用シーンが明確に伝わっていることの証左ではないだろうか。多ブランド戦略を取っている面がいい方向に向いているように思われる。

一方、香りにこだわっていることもあるのか、「五感が研ぎ澄まされる存在」であるという指摘もあった。最近開業したバンヤンツリーでは、チェックインの際に客室のアロマを選

写真4－134　バンヤンツリー・クアラルンプールのチェックイン手続き時にセレクトするアロマ

べるサービスまでスタートさせている。

Q.「バンヤンツリーでもっとも好きなプロパティは？」

　こちらはプーケットのダブルプール・ヴィラが圧倒的な支持を集めた。「2つのプールにはさまれた、あれほどの広い部屋というのは他では得られない」、「あれだけの広大な空間とプールを独り占めできる施設はなかなかない」といった意見があった。また、スパ・サンクチュアリに対する支持も多かった。特にプーケットの評価が高いようである。

写真4－135　ダブルプール・ヴィラ

プーケットは通常のバンヤンツリーに対しても好意的なゲストが多く、「ウェルネス・リゾートに特化している点がポイント」、「プーケットは幼少期に初めて泊まったが、その際の衝撃は今でも記憶しているほど。植物も豊富で、水着や裸で過ごすことがデフォルトになるような居心地の良さがある」といったコメントがあった。

また、「土地の起伏を上手に使い、プライバシーを保ちながらも景色が良く居心地のいいヴィラ」が高く評価されたサムイ、「ビルの中であるにも関わらず、リゾート気分を盛り上げてくれる」マカオに対するラブコールもあった。さらには、「バンコクの屋上、ヴァーティゴやムーンバーはバンコクに行ったら必ず寄ってしまう」という熱烈なファンもいた。

写真4－136　バンヤンツリー・バンコクのルーフトップ

Q.「それぞれで経験した印象的なできごとは？」

アマノイにおけるウェルネス・プログラムの「イマージョン」の体験談が寄せられた。

「毎食に自分のための専用メニューが用意されるが、なんと通常のメニューのように何種類もの中から選べるようになっていた。苦もなく、というより食べることを楽しみながら減量できた。」

というのは、なかなか経験できるものではないだろう。

また、アマンプリでのまさにホスピタリティな経験についても寄せられている。

「マリンスポーツに迷っていた際に、バトラーが現地のカヤックを使った散歩のアクティビティを提案、お気に入りのビュースポットに連れて行ってくれた。その際に、バトラーから現地のおいしい魚の話が出たが、それを食べたいと伝えたところ、その日の夕食にグリルで出てきた。魚は基本的にグリルが好きだという自身の話を記憶してくれていた。」

そして、「とあるアマンに宿泊した際に忘れ物をし、あきらめていたが、次に泊まったアマンに届けられていたのには驚いた」、「初めて行ったはずのアマンで、到着時に名前が呼ばれた」といった話も伝わっている。

きわめつけは、

「米国のアマンギリやアマンガニでヘリコプターを手配してもらい、自身でそれを操縦させてもらった。」

だろうか。

また、プロポーズに関しての話もいくつかいただいている。アマンキラのスタッフにプロポーズの相談をしたところ、三段プールの真正面にそのための花飾りのステージを作ってもらった話、アマヌサでプロポーズをするために、ビーチを貸し切った上で花火も上げてもらい、さらにアカペラでBGMまで対応してもらった話、バンヤンツリー・プーケットのラグーン内ステージ（19ページを参照）を使ってプロポーズをした話などが印象的であった。

記念日といえば、誕生日に関する経験も寄せられている。各プロパティで祝ってもらった経験が、かけがえのない思い出になっているケースもあるようだ。

バンヤンツリーでは、多くのプロパティで提供されている「スパ・サンクチュアリ」における「スパ三昧が良かった」という意見が多かった。また、同ヴィラにチェックインした際のウェルカム・マッサージが印象的であったとの指摘もある。さらに、「アレルギーがひどかった際に、臨機応変な対応で非常にクオリティの高い料理を提供してもらえた」という意見、「バトラーと非常に仲良くなり、その後は家族ぐるみの付き合いになった」といった話もあった。

Q.「アマンとバンヤンツリー、どちらが好み？」

どちらが多かったかを論じるのは野暮であろう。ここでは、理由のみお知らせする。まず、アマンでは、以下のような理由があった。

ヘリコプターの手配や観光地の貸し切り、通常では政府から立入禁止とされている場所への観光、ダイビング、単独での砂漠キャンプ、ビーチ貸し切り、レストラン貸し切りといった、普通では楽しめないアクティビティが多い。要は、ゲストのリクエスト以上のことに対応してくれる点が高く評価されている。これに関連するかもしれないが、アマンには安心感がある、ホッとするという声も聞かれた。

サービスのラインナップとしては、シガーがどのプロパティでも愉しめることを指摘する声もあった。他にも、フレッシュのシーシャが一部のプロパティにあり、これがたまらないという意見もある。

なお、ハード面では、ケリー・ヒルのデザインに惹かれるという表明もあった。バンヤンツリーでは、やはりプライベート・プール付のヴィラに泊まれることに対する評価が高い。ただし、値段によって満足度がまったく異なるという意見もあった。低価格の客室に泊まった場合には「そこそこ」であっても、高価格の客室の場合には非常に高い満足度につながるという指摘である。

そして、やはりスパに対する圧倒的な支持がある。施術のテクニックのみならず、アロマオイルのクオリティや種類などに対しての評価も高い。スパが好きなゲストは、バンヤンツリーに対する期待の大きな割合を占めているようである。

興味深い意見としては、ギャラリーはバンヤンツリーの方が面白いというものがあった。地域のさまざまな工芸品なども置かれており、買わなくても眺めているだけでも楽しいという。

こうした声をまとめると、以下のような結論になるだろうか。

魅力あふれる土地に、そこでしかできない経験を、どれほどの費用をかけてでもしたいという顧客層は、自分たちにフォーカスしたサービスを提供してくれているアマンにより魅力を感じているようである。これに対して、標的市場がやや広いバンヤンツリーは、自身の生

図表４－２　ゲストの期待に関わる要因

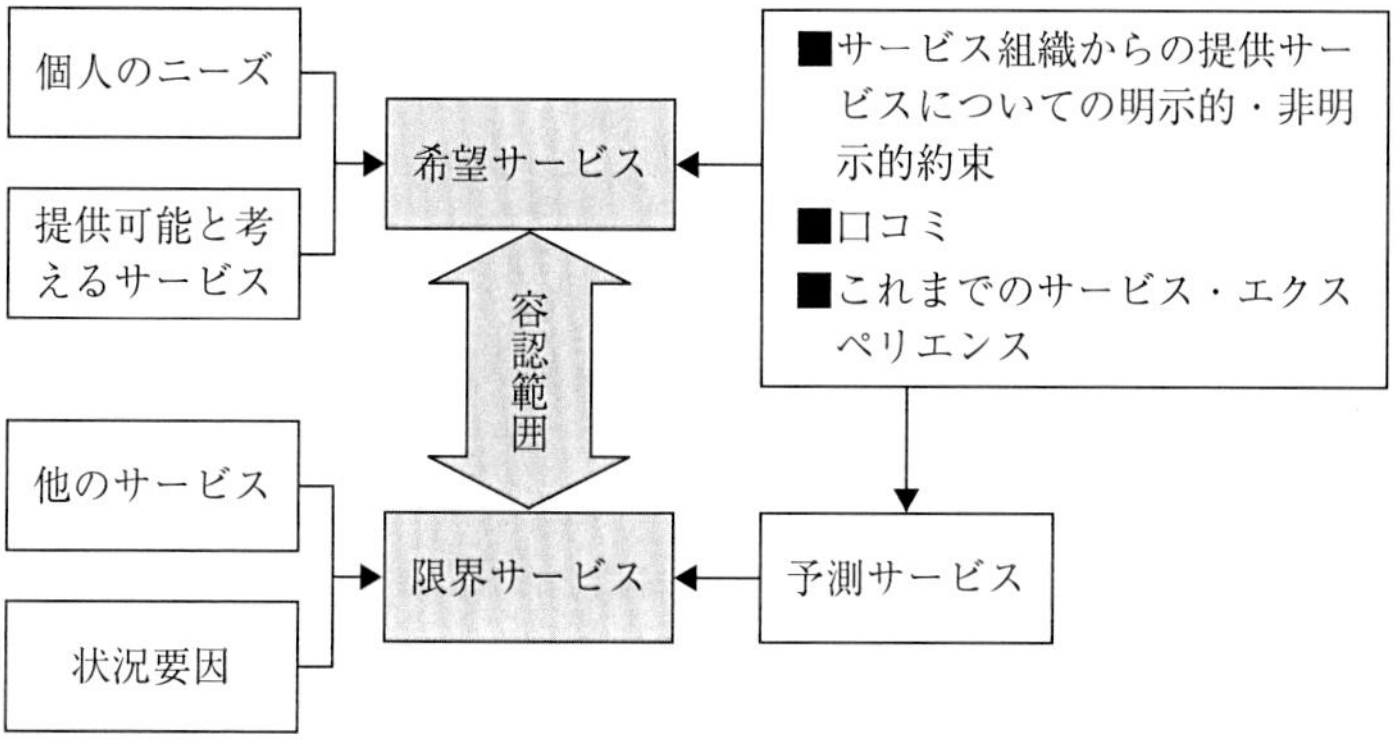

活環境の変化に合わせて利用することができ、プールやスパに対するこだわりを強く持っている客層にマッチしていることになる。

富裕層は、自分たちだけ、ということにきわめて重点を置いている。そのため、貸し切り、特別に入場といったことにはいくらでも（といっては語弊があるかもしれないが）支払おうとする。その点にうまくマッチしているのが両チェーンであるのかもしれない。

一般に、価格帯が高くなればなるほど、標的とする市場は狭くなる。その場合には、提供しうるサービスの幅も狭くなりがちであるが、ホスピタリティ産業の場合には、その点をある程度、人的対応によってカバーすることもできる。逆に、それによって、より高価格を実現することも可能となる。

Zeithaml, Berry, & Parasuraman（１９９３）の研究によれば、サービスには期待される最低限のサービス（限界サービス）と、想定しうる上限のサービス（希望サービス）とがあり、その間（容認範囲）でサービス提供がなされることが、ゲストの期待に的確に応えているということになる。一方で、この希望サービスをいい方向に超えた場合には、顧客を超えてファンになってしまうという研究もある。

その点からすれば、両チェーンともに「容認範囲」（でありかつ可能な限り「希望サービス」に近いクオリティ）でのサービス提供を着実に進めつつ、「希望サービス」の提供を超える満足の実現を目指すべく、応用的な対応を多々取り入れていることがうかがえる。

第5章　リゾート発の宿泊産業におけるイノベーション

1　初期のリゾート

ここまで両チェーンを詳細に検討してきたが、最後に本書の最大の目的であるイノベーションについて検討したい。その前に、両チェーンともリゾートでスタートしているところから、リゾートとはどういうものであるか、簡単に検討しよう。

日本語の「リゾート」はいうまでもなく、もともとは英語の〝resort〟である。そこでこれを英和辞典で引いてみると、「〜へしばしば行く、いつも行く（go often）」（ジーニアス英和辞典）とされており、語義としては「習慣的に繰り返し訪れること」ということになる。そして、さらに語源をたどっていくとフランス語に行き着く。フランス語ではどのような扱いになっているかというと、〝re＋sortir〟という構造になっている。これは、「再び＋外に出る、遊びに出かける、脱け出す」（新スタンダード仏和辞典）ということである。

米浪（2001）によれば、リゾートとは、「日常の義務的・拘束的活動から心身ともに解放された人々が、1年のうち特定の季節（もくしくは、月）に、繰り返し訪れ、ある期間滞在し、自己実現を志向するスポーツ、レクリエーション、教養文化活動などの余暇活動を積極的に展開する非日常的空間、場所、環境」であるという。また、前田編（１９７８）では、「観光を『周遊型』と『滞在型』に分けた場合、後者の滞在型観光に対応する目的地のこと」とされている。

なお、重松（１９６６）によれば、当初のリゾートは、観光が大衆化する以前の、所得に恵まれたごく一部の階層のみが実行可能であった。彼らは最初、温泉地や自然の中での静養や社交を目的としていたという。そのため、19世紀に入ると、いくつかの有名温泉地が、上流社会の夏の滞在地となった。代表例が、ドイツのバーデン・バーデンである。すなわち、温泉保養地における滞在型の観光であった。これが19世紀末になると、海辺の滞在地が、同じく上流社会にもてはやされるようになる。こちらの代表例は、ニースやモンテカルロである。その背景には、バーデン・バーデンなどが次第にポピュラーとなったため、既存の利用層が敬遠したこともあるようだ。

海辺のリゾートはいずれも、広い客室とメイン・ダイニング、サブ・ダイニングをはじめとする供食設備を備えた豪華な建物で、アミューズメントあるいは社交場としてのカジノを持つものもあった。サービスは「Noと言わない」に象徴されるように、どんなことにでも応えるのが基本であった。

この時代は、都市部のホテルでも同様の設備とサービスを提供しており、これらを総称して「グランドホテル」と呼ぶこともある。その代表的な存在と目されるのがセザール・リッツ（Cezar Ritz）である。ロンドンの「ザ・サボイ（The Savoy）」開業時に総支配人を務め、その後パリに自身の名を冠した「オテル・リッツ（Hôtel Ritz）」を開業した。それまでのホテルはビジネスとしては成り立たないとされていたが、彼は、既存のターゲットではなかった女性客を取り込むことで、ビジネスとして成功したのである。

ただし、19世紀以降、上流階級の相対的地位低下とともに、都市部はともかく、「伝統的」リゾートは次第に数を減らしていく。

2 観光の大衆化

戦争が相次いだ20世紀前半が過ぎると、今度は「観光の大衆化」の時代を迎えることになる。米国では第2次世界大戦後に、そしてわが国では高度経済成長後に、一般の大衆でも観光ができるようになった。

まず、前後するが20世紀初頭に、大衆でも泊まれるホテルが開発されていた。米国のバッファローで開業した「スタットラー・ホテル（Statler Hotel）」である。新しい建築手法、経営管理手法を大いに取り入れることで低コストを実現し、幅広い市場を対象として初年度から黒字を計上している。

戦後の余暇活動の活発化の背景としては、可処分所得の増大とそれにともなう自由（余暇）時間の増大といった需要側の要因がある。一方で、モータリゼーションの浸透や鉄道の発達、ジャンボジェットの就航といった交通機関の発展など供給側の要因も、観光の大衆化を後押しした。

こうした需要に応えた企業の1つとして、「地中海クラブ」が挙げられると岡本（1979）は主張する。ここでは、滞在期間を長めに設定するため料金は相対的に低価格とした。それを実現するため、スタッフの雇用に特徴があった。スタッフは〝GO〟と呼ばれ、食事と寝る場所が提供される代わりに賃金が安かった。そして、スタッフとしてサービスするというより、ゲストとともに楽しむ雰囲気づくりをするという位置づけとなった。いわば、生活の一部に仕事が入ってきているようなスタイルで接客の仕事をしていたのである。地中海クラブは1950年に設立され、戦後の暗い時代に、観光を通じて明るい社会を実現することを目標とし、それを実現したわけである。

その後、1960年代の米国では、コンベンション需要が増大しはじめた。これを背景として、大規模な展示会や商談会など、いわゆる現代でいうところのMICEに応えうる「コンベンション・ホテル」が出現するようになった。当初のコンベンション・ホテルは、吹き抜けのアトリウムやガラス張りのエレベーターなど、見た目の新奇さで差別化を図っていた。客室数は増加傾向にあり、それにともないレストランやバーなどの付帯施設も増加していった。結果として1つの施設内でハード、ソフトともにフルライン化を目指す方向に進んでいくことになる。これが「ヒルトン」、「ハイアット」、「マリオット」などの大手チェーンによって都市部に開発され、「プラザホテル」とも呼ばれるようになった。この行き着く先に、

「メガ・リゾート」と呼ばれる超大規模な施設が出現した。その牽引役となったのは、フロリダ、ハワイ、そしてラスベガスなどである。

例えば、「ヒルトン・ワイコロア・ビレッジ」は、もともと「ハイアット・リージェンシー・ワイコロア」として1988年にオープンし、その後1993年にグローバル・リゾート・パートナーズが買収しヒルトンに運営が移管されるようになったメガ・リゾートである。2002年にはヒルトンが所有もするようになった。3つの客室棟に56室のスイート、同じく56室のハンディ・キャップ・ルームを含む1,240室の客室を持ち、標準的な2人部屋の広さは50㎡を確保していた。料飲サービス施設としては150席の中華料理、182席のアメリカ料理カフェ、237席の同じくアメリカ料理、176席のイタリア料理、190席の日本料理、194席のステーキ&シーフード・レストランに加えて70席のバーと、「ありとあらゆる飲食を楽しむ」ことが可能であった。敷地内には、他にもショッピング施設やイルカと触れ合える人工ラグーンなどがあり、ボートやモノレールによってそれぞれの施設が結ばれていた。まさに、「ありとあらゆる宿泊需要に応える」ことも可能だったわけである。

ハイアットがこのホテルを開業した頃には、フロリダやラスベガスでもメガ・リゾートが続々と出現していた。その中でも1993年に開業した「MGMグランド」は、5,000室以上もの客室を擁し、開業後しばらくは世界一の客室数を誇るホテルであった。

手元に、1990年代前半の状況を示す興味深い資料がいくつかある。

図表５－１　米国メガ・リゾート

施設名	場　所	客室数	料飲施設数	宴会場数	開業年
Hilton Hawaiian Village	HI. オアフ島	2,522	13	31	1928年
Hyatt Regency Grand Cypress	FL. オーランド	750	9	20	1984年
Marriott's Orlando World Center	FL. オーランド	1,503	10	26	1986年
The Westin Maui	HI. マウイ島	761	8	12	1987年
The Westin Kauai	HI. カウアイ島	847	13	13	1987年
Hyatt Regency Waikoloa	HI. ハワイ島	1,244	19	19	1988年

出所：桐敷監修（1990）より著者作成。

桐敷監修（１９９０）によれば、１９６０年代に「突如多くのリゾートに都市的要素が大量に持ち込まれるようになった」という。その理由としては「富裕化した大衆社会の旅行ブームが大量の団体観光客をリゾートに送り込むようになった」からだという。そしてこのお客たちが、都市の利便性をリゾートにも求めたことによって、同年代以降、リゾートが変化していくことになる。

具体的な変化として、同書では、以下の点が挙げられている。

①　敷地の巨大化：伝統的リゾートでは考えられない規模

②　客室数の増大：大都市のホテルも圧倒し、ＭＩＣＥにつながっていく

③　建築へのこだわり：巨大なプール、ゴルフコースやテニスコートの設置、マリーナや人工のラグーンの造成、敷地内移動手段の工夫（モノレールなど）

④　飲食施設とショッピング施設の充実

⑤　最上級顧客に対する特別なサービスの展開：クラブフロアの設定など

そして、同書で取り上げられている1980年代以降に開業した、または増築した米国内の施設は図表5－1の6軒である。広いものでは数十万㎡の敷地面積を誇り、いずれも多くの客室、料飲サービス施設、宴会場を持っていることが理解できよう。

（財）店舗システム協会（1994）では、1989年から1991年までの3年間に、世界各国で新しく建設されたホテル、あるいは従前からの有名ホテルのうち、リノベーションを実施したホテルから、50軒の施設を選んでいる。その際の分類として、以下の5グループに分けて紹介している。

・ラグジュアリー（19軒）
・アーバンリゾート（4軒）
・リゾート、ラグジュアリーリゾート（12軒）
・コンファレンスセンター、コンベンション、エアポート（6軒）
・オールスイート、コーポレートレジデンス、ビジネス（9軒）

このうち、リゾートとラグジュアリーリゾートに分類された施設は図表5－2のとおりである。

1994年の出版であるから、アマンもバンヤンツリーもすでに開業している。しかし、ここで取り上げられた施設はいずれも、「グランドホテル」的あるいは「メガ・リゾート」的な施設ばかりである。

図表5－2　1994年頃の「ベストホテル」

施設名	場　所	客室総数	標準客室		最大客室広さ	料飲施設数
			広さ	室数		
Cheeca Lodge	FL. キー諸島	203	40㎡	139	145㎡	3
Four Seasons Resort Nevis	セントクリストファー・ネーヴィス	196		171		4
Four Seasons Resort Maui	HI. マウイ島	381	46㎡	313	465㎡	4
Grand Wailea Resort Hotel & Spa	HI. マウイ島	787	60㎡		465㎡	4
Hawaii Prince Hotel	HI. オアフ島	521	45㎡	431	130㎡	3
Hotel Bel-Air Cap-Ferrat	フランス・カプフェレ	56	30㎡	47	450㎡	2
Hotel Nikko Guam	グアム	492	40㎡	442	140㎡	6
Hyatt Regency Kauai	HI. カウアイ島	600	56㎡	511		10
Loews Coronado Bay Resort Hotel	CA. コロナド	450	45㎡	413	205㎡	2
Resort at Squaw Creek	CA. スコウバレー	505	34㎡	201	101㎡	2
Stouffers Wailea Beach Resort	HI. マウイ島	347	42㎡	335	185㎡	2
The Westin Mission Hills Resort	CA. パーム・スプリングス	512	47㎡	474	537㎡	3

（注）FL.：米国フロリダ州，HI.：米国ハワイ州，CA.：米国カリフォルニア州

出所：㈶店舗システム協会（1994）より著者作成。

翌1995年に刊行された*Resorts & Great Hotels*（David W. Fritzen編）には、「ル・ミラドール（Le Mirador Resort Hotel & Spa）」（スイス・ジュネーブ）、「グランドホテル・ヴィクトリア・ユングフラウ（Grand Hotel Victoria-Jungfrau）」（スイス・インターラーケン）といったいわゆる「グランドホテル」タイプの施設や、「ウェスティン・レジーナ（The Westin Regina Resort）」（メキシコ・ロスカボス）や「ハイアット・リージェンシー・カウアイ（Hyatt Regency Kauai Resort & Spa）」（ハワイ・カウアイ島）のようなメガ・リゾートがほとんどを占める中で、アマンも取り上げられており、ホテル・ボラボラ、アマンプリ、アマンダリ、アマンキラ、アマヌサが紹介されている。驚くべきは料金で、アマンプリは$257から、アマンダリとアマンキラ、アマヌサは$330からとなっている。今からすれば信じられない金額である。

メガ・リゾートには、「なんでも揃って」おり、「高級な客室」も用意されている。ただ、その背後にあるのは「観光の大衆化」にともなう、サービスの大量生産システムである。そして、ここで注目すべきはその立地であり、ハワイが圧倒的に多いその理由である。ワイキキのあるオアフ島とは異なり、他の島、特に火山活動が活発である、あるいは近い過去にそうだった島は土地も安いため、広大なリゾートの開発が可能である。しかし、そこには地元の文化や料理は存在しない。だからこそ、さまざまなアミューズメントやレクリエーション施設・設備を導入したということになるのである。

3　宿泊産業のイノベーション

こうしたことを背景に、ゼッカ氏はアマンを、ホー氏はバンヤンツリーを開業した。仮にこの2人が生粋のホテリエだったとしたら、アマンとバンヤンツリーは実現していただろうか。1980年代に話題となっていたのは、前項で述べたメガ・リゾート、あるいは一部の「グランドホテル」タイプのリゾートである。もしも「最高級」を目指していたホテリエだったのであれば、世界的大企業が実現したメガ・リゾート、歴史ある老舗企業によるグランドホテルが、どうしても念頭にあったのではないかと思われる。

要は、ゼッカ氏は居心地のいい別荘を探していたが水道がない、ホー氏は売れ残った土地をもてあましていたが海が遠い、それぞれのマイナス面をプラスに転換するべく実現したものが、むしろその後に大変な強みになったといえるのではないだろうか。

地域おこしで重要になるのは、「よそ者、若者、ばか者」だとしばしば耳にする。すなわち、狭い世界で凝り固まった頭では、既存の常識の延長にしか考えが及ばないということなのだろう。ところが、興味深いことに「外様」あるいは「新参者」が地域なり業界なりで成し遂げた革新（イノベーション）は、やがて一般化し、むしろ当たり前となることも多い。逆に、それができなければ衰退していかざるをえないということになる。

Govindarajan & Trimble（2005）は、イノベーション（革新）を以下の4つに分類し、業界が成熟期を迎えた際には、「戦略的イノベーション」によってさらなる成長が期せると説く。

・継続的プロセス改善：仕事の進め方を少しずつ改善していくこと。シックスシグマが代表例。
・プロセス革新　：画期的な技術の導入により飛躍的な生産性向上を実現。
・製品／サービスの革新：ビジネスモデルは変更せずに、創造的な新しいアイディアで対応。
・戦略的イノベーション：新しいビジネスモデルにより、製品／サービスを革新してもしなくても、革新を実現する。

宿泊産業でいえば、「継続的プロセス改善」や「プロセス革新」は日々目指されていることだろう。一方で、「製品／サービスの革新」はどうであろうか。内部の抵抗などもあり、この辺りから難しくなってくるように感じられる。最後の「戦略的イノベーション」は、「よそ者、若者、ばか者」でなければ成し遂げられず、宿泊産業では「運営受委託（マネジメント・コントラクト：MC）」の開発や、資金調達手法の多様化により、世界的なメガ・チェーンが誕生したことが該当すると考えている。

要は、宿泊産業も、時に革新（イノベーション）があったことにより、現在の姿に至っているのである。そしてその担い手の多くは「よそ者、若者、ばか者」であり、ゼッカ氏やホー氏もそうだったのではないだろうか。その証拠に、ゼッカ氏に銀行はお金を貸さなかったし、ホー氏がバンヤンツリーを開業した土地は、どのホテルも触手を伸ばさなかった。さらに、2人とも国際色豊かな環境で育ち、広い見聞が求められるジャーナリストの経験もあった。

ライフスタイル・ホテルと呼ばれるホテルの起源となったとされる「ブティック・ホテル」のコンセプトを開発したイアン・シュレーガー（Ian Schrager）氏に対してさえも、1980年代初頭には懐疑的な視線が向けられていた。そして、わが国でも2000年代後半以降、新しいコンセプトのホテルを実現したのは、当時は「新参者」のハウス・ウェディング業界の企業だった。そもそもハウス・ウェディングの業態は、既存のブライダル市場の一角を、新しい試みを多く取り入れることによって奪い取ることに成功した。同様に、ホテルにも新しい空気を導入して成功したのである。

写真5－1　ブライダル企業によるホテル参入の例：アルモニーアンブラッセ大阪

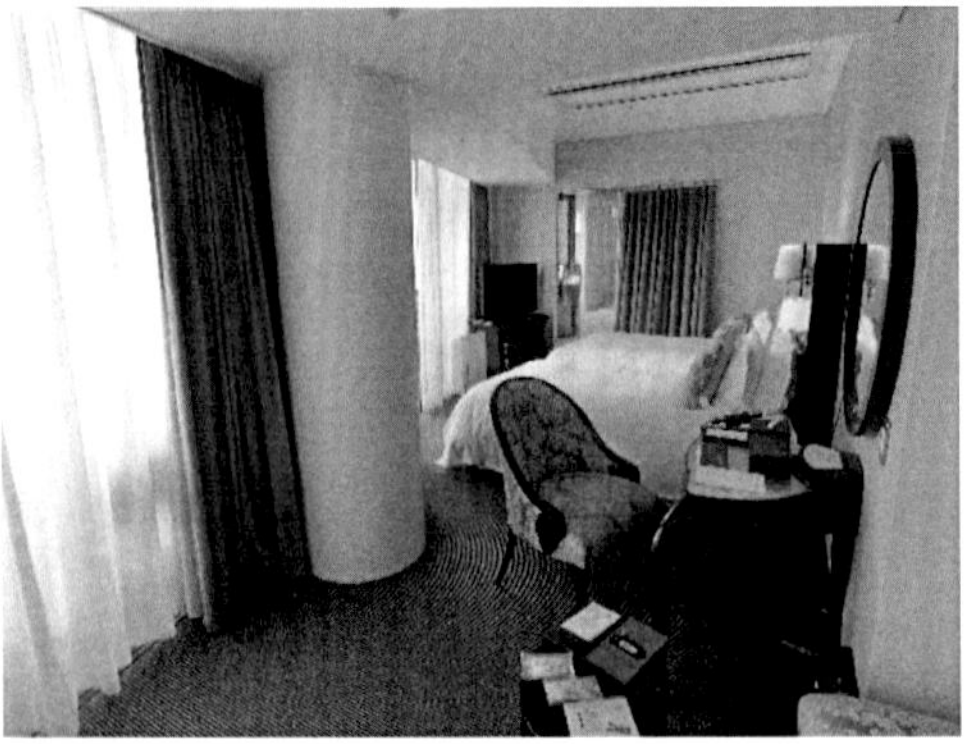

アマンもバンヤンツリーも、高級なリゾートを目指していたわけではないと、著者は考えている。しかし、既存のメガ・リゾートやグランドホテルに、なにがしかの不満をゼッカ氏もホー氏も持っていたのではないかと推察する。

地域の文化や料理に触れたい、「こんなところで⁉」と思うような場所で食事をしたい、ここでしかできないアクティビティを体験したい、いつでも気軽に入れるプールが欲しい、旅の疲れを癒してくれる素晴らしいスパが欲しい……こうした希望をかなえられる場所を創ったところ、多方面から評価された結果が、今なのではないだろうか。

本来的に、観光はその土地の「光」を見ることである。しかし、実際の観光には多様な要素が絡んでくる。特に大衆化以降の観光では、レクリエーションやレジャーといった要素が重視されるようにもなった。この点からすると、ゼッカ氏とホー氏が実現してくれたものは、観光の原点に近いものなのかもしれない。

さて、こうした施設は日本にもないものだろうか。わが国には多くの「光」があるのみならず、四季折々の魅力に溢れており、プールの文化はあまりないが、温泉の文化は深いものがあるはずだ。

2003年に刊行された『クレア・ドゥエ・トラベラー 生まれ変わった「至高の楽園」アマンリゾーツ進化論』では、影響を受けたとされる日本の宿が6軒挙げられている。屋久島の「ホテルあかつき」、箱根の「武蔵野本館 箱根吟遊」、山形県かみのやま温泉の「名月荘」、京都の「要庵 西富家」、有馬温泉の「陶泉 御所坊」、天草の「石山離宮 五足のくつ」である。

このうち、ホテルあかつきは現在、「サンカラ屋久島」に生まれ変わっているが、その他

写真5－2　五足のくつのゲート

写真5－3　客室（離れ）

写真5－4　近くで採れる食材で仕立てた朝食

の施設は変わらず営業している。自身はこの中では、五足のくつのみ行ったことがある（2010年）が、確かに天草の自然を存分に感じさせていただき、料理も、地元の食材を効果的に取り入れた素晴らしいものだった。

客室はすべてヴィラ…というより離れ形式であり、専用プール…ではなく専用露天風呂が全室についている。食事にアオサがふんだんに使われていたことは、今でもよく記憶している。それだけ印象に残ったということなのだろう。

そして最後に、その6軒には含まれていないがもう1軒、ある意味、これまでに挙げたどこよりも強烈な印象を残すであろう、日本の宿を紹介して、本書

写真５－５　天空の森：エントランス

写真５－６　天空の森：頂上

の締めとする。

第4章の結末で、魅力あふれる土地で、そこでしかできない経験を望む層がいること、そしてプールやスパに対するこだわりを持つ層がいることを述べた。それを究極にまで昇華させた施設が鹿児島にあることをご存知だろうか？

それは、「天空の森」という。鹿児島県霧島市、東京ドーム13個分の広大な敷地に、宿泊用ヴィラが3棟、日帰り用ヴィラが2棟のみ。実は、秘密のヴィラがもう1棟ある。宿泊の場合、もっとも安い部屋でも2名で30万円である。

どうしても、敷地の広さと価格ばかりに注目が集まるが、ここの本質はそうではない。アマン同様に、そもそもいわゆる「フロント」がない。チェックイン手続きはどこでも可能である。「頂上」と呼ばれる敷地内の最高所で、素晴らしい景色を眼前にチェックインもできる。こうして、まずは霧島をしっかりと目で楽しむことができる。

ヴィラは大変広く、柱も家具も木でできている。これも単なる木ではない。すべて、敷地内で伐採された木なのである。また、ヴィラは全面フルハイトのガラス張りであるのみなら

写真５－７　秘密のヴィラ

写真５－８　ヴィラの露天風呂

写真５－９　もっとも広いヴィラ「天空」

写真５－10　ヴィラ「天空」内部

（写真５－10のみ撮影：山浦ひなの）

ず、一切の目隠しのない露天風呂が付いている。だが、心配することはない。隣のヴィラも相当離れているからだ。敷地の広さも、実はこのため、つまり、「他人の気配を一切感じず、自然と直接触れ合う」ためなのである。このおかげで、この土地を、風を、空を直接肌で感じることができる。すなわち、ここでは「裸が正装」ということになる。

さらに、食事も驚きが待っている。メニューが木の葉に書かれているが、この木の葉は敷地内で採れたもの。そして、野菜類のほと

写真５－11　食事のメニュー

写真５－12　サラダ

んども、敷地内での栽培である。さらに、この地は鶏料理が名物であるが、こちらで提供する鶏は、自家養鶏場で育てられている。つまり、ここに来て接するものは、ほとんどが「究極の地元」産ということになる。

さすがにここまで究極的に、建材から家具、消耗品、食材など、ありとあらゆる「地元」という観光資源を提供している施設は、アマンでもバンヤンツリーでもなかなかない。しかし、ここは日本の宿に眠っている可能性を、まだまだ期待させてくれることだろう。

天空の森も、必ずしも「高級施設」を作ろうとしたわけではなく、「究極的に霧島と触れ合う」施設を目指したら、結果的に「たまたま」値段が高くなってしまっているだけなのである。観光の本質に触れる経験は、意外と身近にあるものなのかもしれない。

あとがき

2020年にわれわれ人類を襲ってきた新型コロナウィルスは、人々の楽しみの多くを奪ってしまった。これは、観光学という学問分野の一端にいる自身にとっても無縁ではなく、日本を出るどころか東京さえ出られない状況が長く続き、気が滅入るような毎日だった。自身の過去を振り返ってみても、きわめて異常な日々を過ごしていると感じざるをえなかった。

このような中、実は、本書の刊行を躊躇した時期もあった。観光どころか会食も自粛が求められる状況で、海外のリゾートの本などを出してもいいのだろうかと、何度も逡巡した。しかし、リモートの講義が続く中で、学生たちには「観光は単なる遊びなどではなく、人間が、健康で文化的な最低限度の生活をするために必要なことだ」と伝えていることに改めて気がついた。健康で文化的な生活を実現してくれる観光を支えるためにも、やはり本書を書くべきであると、再度、筆を手にした次第である。

アマン・リゾーツに関しては、日本にも複数の施設があることから、多くの文献、記事、コラムなどが書かれている。それらの多くは、例えば施設の紹介やサービスの内容の記述などが多く、少しでも学術的な視点から考察したものはあまりなかったように思う。例えばマーケティング論を踏まえて検討したものなどは、ごく一部の学術論文を除いて見つけられなかった。

中には、関わった人々に焦点を当てて詳細に語られたものもあった。特に、自身がこれまで読んだ中で興味を強く惹かれたのは、アマンを取り巻く多様な人間関係を詳細に調べていたものであった。ホテルやリゾートは人間が創り上げるものであり、そこに関わる人に大きく左右されることはいうまでもない。しかし、そのために、人を軸とすると、ある面では情緒的なとらえ方になってしまう可能性も否めない。もちろん先達がそのように本を書いたということでは決してなく、読者の側が勝手に、例えば登場人物に感情移入をしたりすることで、客観的な視点が欠けてしまうことにもつながりかねないということである。

人以外では、海外の文献にはファイナンスの視点から書かれたものもあり、こちらも興味深く拝読させていただいた。

一方で、世界の観光に対して同様の影響を及ぼした存在としてバンヤンツリーが挙げられるが、これはいわゆる雑誌記事などしかほぼ見当たらなかったのが正直なところである。施設ごとに紹介する記事はあったが、本書の第4章のように、同じ要素を比較して、検討を加えた先行文献はなかったと考える。この試みによって、自身にとっても新しい発見が色々とあったことは、本書を執筆した大きな意義だといえよう。

さて、本書は多くの方々のご助力があって完成にこぎつけた。

さまざまなラグジュアリー経験のレポートをアップされている〝The Platinum Life〟HP（https://www.ccdm.jp/）のma-yamanaka氏、cieltrip（Instagram：cieltrip）のCiel氏、マ

ゼランリゾーツ&トラストの朽木浩志氏には、お写真の提供やアドバイスをいただくなど、大変にお世話になった。また、トラベルジャーナリストの泉美咲月氏（Instagram：satsukiizumi）、翻訳者のtama_otama_氏（Instagram：tama_otama_）、色々とご配慮を賜ったBanyan Tree Hotels & Resortsの山嵜（廣谷）麻子氏、Aman Resortsの門田敬男氏、塩田明久氏、他にも大勢の方に、さまざまな形でご協力賜った。特に、文献、記事、コラムを諸先輩方が書かれてきたおかげで、そもそも私がアマンとバンヤンツリーを知ることができた。この場を借りて深くお礼申し上げたい。

一方で、これまで著者の本をずっとご担当いただいている創成社の西田徹氏には、これまでにない原稿提出の遅れにより、大変なご迷惑をおかけしてしまった。深くお詫び申し上げる次第である。粘り強くお待ちいただいたこと、心から感謝申し上げる。

いつかまた、世界中のアマンとバンヤンツリーを巡ることができることを願って…

2021年3月

徳江順一郎

主要参考文献

Amy Louise Bailey (2018), "Is the Traditional Hotel Chain Dead? – In the era of Airbnbs and travel apps, are classic hotel chains obsolete? Three industry titans weigh in.", *Robb Report*, Feb. 19, 2018.

Andersen, Esben Sloth (2011), *Joseph A. Schumpeter: A Theory of Social and Economic Evolution*, Palgrave Macmillan.（小谷野俊夫訳（２０１６）、『マクミラン経済学者列伝 シュンペーター 社会および経済の発展理論』一灯舎.）

Carol Barden, "Amanresorts' New Jackson Hole Hotel", *TRAVEL+ LEISURE*, May, 27, 2009.

Christensen, Clayton M. (1997), *The Innovator's Dilemma*, Harvard Business School Press.（玉田俊平太監修（２００１）、『イノベーションのジレンマ—技術革新が巨大企業を滅ぼすとき〈増補改訂版〉』翔泳社.）

Claire Wrathall (2015), "Aman for all seasons", *The Telegragh*.

Govindarajan, Vijay & Chris Trimble (2005), *Ten Rules for Strategic Innovators*, Harvard Business School Press.（酒井泰介訳（２００６）、『戦略的イノベーション—新事業成功への条件』ランダムハウス講談社.）

Jack Smith (2008), "Feature: Aman's Man", *Robb Report*, March, 1, 2008.

Justina Lee (2016), "Banyan Tree idealist Ho reforms five-star hotel strategy amid stiff competition",『日経アジアン・レビュー』、２０１６年11月13日.

Kotler, Philip & Fernando Trias de Bes (2010), Winning at Innovation: *The A-TO-F Model*,（櫻井祐子訳（２０１１）、『コトラーのイノベーション・マーケティング』翔泳社.）

Radit Mahindro (2020a), "A Quite Long History of Balinese Hotel Architecture Part V: Adrian Zecha and Aman", *Medium.*, Oct., 2. 2020.

Radit Mahindro (2020b), "Hoteliers: Adrian Zecha", *Medium.*, Nov., 2. 2020.
Valarie A. Zeithaml, Leonard L. Berry, & A. Parasuraman (1993), "The Nature and Determinants of Customer Expectations of Services," *Journal of the Academy of Marketing Science* 21. no.1, (1993): 1-12.
"Poison in Paradise", *Forbes*, March, 3, 2000. / March, 20, 2000 / Apr., 2, 2000.
Resorts & Great Hotels, No.6, R & R Publishing Company, 1995.

岡本伸之（１９７９）、『現代ホテル経営の基礎理論』柴田書店.
笠原美香・沖島博美・朝倉利恵・伊東ひさし・柳木昭信（２００９）、『バリ島のホテル　ビーチリゾートから田園リゾートまで』日経ＢＰ企画.
金間大介・山内勇・吉岡（小林）徹（２０１９）、『イノベーション&マーケティングの経済学』中央経済社.
桐敷真次郎監修（１９９０）、『GREAT HOTELS OF THE WORLD Vol.2 RESORT HOTEL』河出書房新社.
米浪信男（２００１）、「リゾート事業」（北川宗忠編著、『観光事業論』ミネルヴァ書房、第３章）.
重松敦雄（１９６６）、『ホテル物語 日本ホテル史』柴田書店.
せきねきょうこ「（コラム）宿泊者の欲望」『Byron』各号.
（財）店舗システム協会（１９９４）、『世界のベストホテル50』ＴＯＴＯ出版.
一橋大学イノベーション研究センター（２０１７）、『イノベーション・マネジメント入門 第２版』日本経済新聞社.
前田勇編著（１９７８）、『観光概論』学文社.
松園俊志（２００２）、「アマン・グループのスモール・ラグジャリー・ホテルが、バリ島のリゾート開発に果した役割とＨＩＳ」『観光学研究』第1号、東洋大学国際地域学部国際観光学科.
山口由美（２０１３）、『アマン伝説　創業者エイドリアン・ゼッカとリゾート革命』文藝春秋.
『AMAN ALL STARS』（Richesse. No.6, 別冊付録）、ハースト婦人画報社、２０１３年.

『クレア・ドゥエ・トラベラー「至高の楽園」アマンリゾーツのすべて』文藝春秋、2000年.
『クレア・ドゥエ・トラベラー　生まれ変わった「至高の楽園」アマンリゾーツ進化論』文藝春秋、2003年.
『クレア January 2012』文藝春秋、2012年.
『至福のアジアリゾート』昭文社、2008年.
『婦人画報』1996年1月号、婦人画報社、1996年.
『月刊ホテル旅館』2013年1月号、柴田書店.
『香港、シンガポール、バンコク、プーケット、バリ島　人気と定番で選ぶ　AB・ROAD HOTEL COLLECTION245』リクルート、1993年.
『るるぶ情報版　アジアンリゾート』JTBパブリッシング、2006年.

資料ご提供

●The Platinum Life（https://www.ccdm.jp/）

●マゼランリゾーツ＆トラスト（https://magellanresorts.co.jp/）

《著者紹介》
徳江順一郎（とくえ・じゅんいちろう）

東洋大学国際観光学部准教授。

上智大学経済学部経営学科卒業，早稲田大学大学院商学研究科修了。大学院在学中に起業し，飲食店の経営やブランディングのコンサルテーションを手がけつつ，長野経済短期大学，高崎経済大学，産業能率大学，桜美林大学などの非常勤講師を経て，2011年に東洋大学に着任。専門はホスピタリティ・マネジメント論，サービス・マーケティング論。

編著書は，『ホスピタリティ・デザイン論』『ブライダル・ホスピタリティ・マネジメント』『宿泊産業論』（創成社），『ホテル経営概論』『ホスピタリティ・マネジメント』（同文舘出版），『セレモニー・イベント学へのご招待』（晃洋書房），『サービス＆ホスピタリティ・マネジメント』『ソーシャル・ホスピタリティ』『数字でとらえるホスピタリティ』（産業能率大学出版部）など。

（検印省略）

2021年7月23日　初版発行　　略称－アマン

アマンリゾーツとバンヤンツリーの
ホスピタリティ・イノベーション

著　者　徳江順一郎
発行者　塚田尚寛

発行所　東京都文京区春日2－13－1　株式会社　創成社

電　話　03（3868）3867　　ＦＡＸ　03（5802）6802
出版部　03（3868）3857　　ＦＡＸ　03（5802）6801
http://www.books-sosei.com　　振　替　00150-9-191261

定価はカバーに表示してあります。

ISBN978-4-7944-2586-7 C3034
Printed in Japan

組版：でーた工房　印刷：エーヴィスシステムズ
製本：エーヴィスシステムズ
落丁・乱丁本はお取り替えいたします。